APRENDER A REZAR
PARA APRENDER A AMAR

Conheça nosso site

@editoraquadrante
@editoraquadrante
@quadranteeditora
Quadrante

JACQUES PHILIPPE

APRENDER A REZAR
PARA APRENDER A AMAR

2ª edição

Tradução
Marcelo Consentino

Título original
Apprendre a prier pour apprendre a aimer

Copyright © EDITIONS DES BEATITUDES, S.O.C., 2013

Capa
Gabriela Haeitmann

Dados Internacionais de Catalogação na Publicação (CIP)

Philippe, Jacques
Aprender a rezar para aprender a amar / Jacques Philippe; tradução de Marcelo Consentino. – 2ª ed. – São Paulo : Quadrante, 2015.

Título original: *Apprendre a prier pour apprendre a aimer*
ISBN: 978-85-54991-80-7

1. Contemplação 2. Espiritualidade 3. Meditação 4. Oração I. Título

CDD-248.32

Índice para catálogo sistemático:
1. Oração : Espiritualidade : Cristianismo

Todos os direitos reservados a
QUADRANTE EDITORA
Rua Bernardo da Veiga, 47 - Tel.: 3873-2270
CEP 01252-020 - São Paulo - SP
www.quadrante.com.br / atendimento@quadrante.com.br

Introdução

Existem numerosos e excelentes livros sobre o tema da oração. Acaso seria realmente necessário mais um? Sem dúvida que não. Já escrevi um livro sobre esse tema[1] há alguns anos e não estava em meus planos fazer outro. Apesar do risco de me repetir em alguns pontos, recentemente me senti inclinado a redigir esta pequena obra, pensando que poderá ajudar algumas pessoas a perseverar no caminho da oração pessoal ou a empreendê-lo. Tive a oportunidade de viajar com frequência para pregar retiros em numerosos países e fiquei chocado ao constatar não apenas a sede de oração que hoje sentem muitas pessoas de todas as vocações e estados de vida, mas também o anseio por alguns pontos de referência para assegurar a perseverança e a fecundidade da vida de oração.

É disso que o mundo de hoje tem mais necessidade, de oração. É daí que nascerão todas as renovações, as curas, as transformações profundas e fecundas que todos queremos para a nossa sociedade. Nossa terra está bas-

---

(1) *Tempo para Deus: Guia para a vida de oração*, Quadrante, São Paulo, 2007.

tante doente e apenas o contato com o Céu poderá curá-la. A coisa mais útil para a Igreja de hoje é comunicar aos homens a sede da oração e ensiná-los a orar.

Comunicar a alguém o gosto da oração, ajudá-lo a perseverar neste caminho nem sempre fácil, é o maior presente que se lhe poderia dar. Quem tem a oração tem tudo, pois com isso Deus pode livremente entrar e agir na sua vida, e realizar maravilhas por meio da sua graça. Estou cada vez mais convencido de que tudo vem da oração e que, entre os chamados do Espírito Santo, é o primeiro e mais urgente ao qual devemos responder. Ser renovado na oração é ser renovado em todos os aspectos da nossa vida, é encontrar uma nova juventude. Mais do que nunca, o Pai busca adoradores em espírito e em verdade (cf. Jo 4, 24).

Evidentemente, nem todos temos a mesma vocação e as mesmas possibilidades nesse campo. Mas façamos o nosso possível, e Deus será fiel. Conheço leigos tremendamente pressionados por seus compromissos familiares e profissionais que recebem em vinte minutos de oração cotidiana tantas graças quanto monjas que rezam cinco horas por dia. Deus deseja realmente se revelar, manifestar o seu rosto de Pai a todos os pobres e pequeninos que somos nós, para ser nossa luz, nossa cura, nossa felicidade. Tanto mais porque vivemos num mundo difícil.

É sempre útil falar da oração, pois significa necessariamente evocar os aspectos mais importantes da vida espiritual e também da existência humana.

Gostaria, portanto, neste livro, de dar algumas indicações bastante simples e ao alcance de todos, de modo a encorajar as pessoas que desejam responder a esse chamado, a guiá-las na sua jornada, para que alcancem na sua vida de oração um encontro íntimo e profundo com Deus, que é a sua finalidade; para que na sua fidelidade à oração possam efetivamente encontrar a luz, a força e a paz de que precisam para que suas vidas deem frutos em abundância, conforme o desejo do Senhor.

Falarei essencialmente da oração pessoal. A oração comunitária, em especial a participação na liturgia da Igreja, é uma dimensão fundamental da vida cristã e não pretendo subestimá-la. Não obstante, falarei sobretudo da oração pessoal, pois é aí que se encontra a maior das dificuldades. Ademais, sem a oração pessoal, a oração comum corre o risco de permanecer superficial e de não manifestar toda a sua beleza e seu valor. Uma vida litúrgica e sacramental que não é nutrida por um encontro pessoal com Deus e que não está a seu serviço pode se tornar tediosa e estéril.

O mundo vive, e viverá talvez mais e mais, tempos difíceis. Por isso, é ainda mais necessário enraizar-se na oração, como Jesus nos convida no Evangelho:

Vigiai, pois, em todo o tempo e orai, a fim de que vos torneis dignos de escapar a todos estes males que hão de acontecer, e de vos apresentar de pé diante do Filho do Homem (Lc 21, 36).

Capítulo 1

Os ganhos da oração

> «Nossa vida valerá o que valer a nossa oração».
>
> Marthe Robin

A fidelidade e a perseverança na oração (o ponto fundamental a assegurar e o objeto principal do combate da oração) supõem uma forte motivação. Precisamos estar bem convencidos de que vale a pena seguir em frente, embora o caminho nem sempre seja fácil, e de que os ganhos da nossa fidelidade superam incomparavelmente as penas e dificuldades com que depararemos cedo ou tarde. Neste primeiro capítulo, gostaria portanto de recordar as principais razões pelas quais é preciso *rezar sem cessar e nunca desanimar*, como Jesus nos convida no Evangelho (cf. Lc 18, 1).

Para começar, eis uma citação de Pedro de Alcântara, um franciscano do século XVI que foi uma importante força de sustentação para Santa Teresa de Ávila durante a reforma que ela empreendeu. O trecho foi extraído do seu *Tratado sobre a oração e a meditação*:

Na oração, a alma se purifica do pecado, a caridade se alimenta, a fé se enraíza, a esperança se fortifica, o espírito jubila, a alma se derrete de ternura, o coração se purifica, a verdade se revela, a tentação é vencida, a tristeza se esvai, os sentidos se renovam, a indolência desaparece, a ferrugem dos vícios é consumida; dessa troca nascem também vivas centelhas, desejos ardentes do céu, e dentre estas centelhas arde a chama do divino amor.

Não pretendo comentar esse texto; ofereço-o simplesmente como testemunho estimulante de uma experiência a que podemos atribuir uma confiança plena. Talvez não venhamos a fazer todos os dias a mesma constatação, mas se formos fiéis experimentaremos pouco a pouco a verdade absoluta de tudo aquilo que essa bela passagem promete.

Eu gostaria agora de dar voz a uma testemunha mais recente, nosso santo Papa João Paulo II, citando uma passagem da Carta Apostólica *Novo millenio ineunte*. Esse documento foi publicado em 6 de janeiro de 2001 em conclusão ao ano jubilar com o que o papa quis preparar a Igreja para entrar no terceiro milênio e exortar todos os fiéis a «fazer-se ao largo» em águas profundas (cf. Lc 5, 4).

Na carta, o papa faz um balanço do ano jubilar e convida-nos a contemplar o rosto de Cristo – «tesouro e alegria da Igreja» –, propondo uma bela e rica meditação

1. OS GANHOS DA ORAÇÃO

sobre o mistério de Jesus que deve iluminar o caminho de cada fiel. Numa terceira parte, ele nos exorta a «partir de Cristo» para afrontar os desafios do terceiro milênio. Confiando completamente a cada Igreja local o cuidado de definir suas orientações pastorais, ele propõe certos pontos fundamentais válidos para todo o povo de Deus. Ele lembra que todo programa pastoral deve essencialmente permitir a cada cristão responder ao chamado à santidade ligado à vocação batismal, recordando às palavras do Vaticano II: «É, pois, claro a todos, que os cristãos de qualquer estado ou ordem são chamados à plenitude da vida cristã e à perfeição da caridade»[1].

A primeira coisa necessária para levar à prática na vida da Igreja uma «pedagogia da santidade» deve ser *a educação para a oração*. Escutemos João Paulo II:

Para esta pedagogia da santidade, há necessidade de um cristianismo que se destaque principalmente pela *arte da oração*. O ano jubilar foi um ano de oração, pessoal e comunitária, mais intensa. Mas a oração, como bem sabemos, não se pode dar por suposta; é necessário aprender a rezar, voltando sempre de novo a conhecer esta arte dos próprios lábios do divino Mestre, como os primeiros discípulos: *Senhor, ensina-nos a orar* (Lc 11, 1). Na oração, desenrola-se aquele diálogo com Jesus que faz de nós seus amigos íntimos: *Permanecei em Mim e Eu permanecerei em vós* (Jo 15, 4). Esta reciprocidade constitui precisa-

---

(1) Constituição Dogmática *Lumen Gentium* sobre a Igreja, n. 40.

mente a substância, a alma da vida cristã, e é condição de toda a vida pastoral autêntica. Obra do Espírito Santo em nós, a oração abre-nos, por Cristo e em Cristo, à contemplação do rosto do Pai. Aprender esta lógica trinitária da oração cristã, vivendo-a plenamente sobretudo na liturgia, meta e fonte da vida eclesial, mas também na experiência pessoal, é o segredo dum cristianismo verdadeiramente vital, sem motivos para temer o futuro porque volta continuamente às fontes e aí se regenera[2].

Nesse belo texto, João Paulo II nos relembra dois pontos essenciais: a oração é a alma da vida cristã e a condição de toda vida pastoral autêntica. A oração faz de nós amigos de Deus, introduz-nos na sua intimidade e na riqueza da sua vida, faz-nos morar nEle e Ele em nós. Sem essa reciprocidade, essa troca de amor realizada pela oração, a religião cristã não é senão um formalismo vazio, o anúncio do Evangelho não passa de propaganda, o compromisso caritativo se torna uma obra de filantropia que não muda nada de fundamental na condição humana.

Parece-me também bastante justa e importante essa afirmação do papa segundo a qual a oração é «o segredo de um cristianismo verdadeiramente vital, sem motivos para temer o futuro». A oração permite-nos extrair de Deus uma vida sempre nova, regenerar-nos e renovar-nos permanentemente. Sejam lá quais forem as nossas provações, desilusões, fardos, fracassos e faltas, ela nos

---

(2) São João Paulo II, Carta Apostólica *Novo millennio ineunte*, n. 32.

leva a reencontrar a força e a esperança suficientes para assumir a existência com uma total confiança no futuro. O que é muito necessário hoje!

Um pouco mais adiante, João Paulo II evoca a sede de espiritualidade bastante presente no mundo atual – uma sede frequentemente ambígua, mas que é também uma oportunidade – e mostra como a tradição da Igreja responde de maneira autêntica a esta sede:

> A grande tradição mística da Igreja, tanto no Oriente como no Ocidente, é bem elucidativa a esse respeito e mostra como a oração pode progredir, sob a forma de um verdadeiro e próprio diálogo de amor, até tornar a pessoa humana totalmente possuída pelo Amante divino, sensível ao toque do Espírito, abandonada filialmente no coração do Pai. Experimenta-se então ao vivo a promessa de Cristo: *Aquele que Me ama será amado por meu Pai, e Eu amá-lo-ei e manifestar-Me-ei a ele* (Jo 14, 21)[3].

O papa prossegue explicando como é importante que toda comunidade cristã (família, paróquia, grupo carismático, grupo de ação católica, etc.) seja antes de tudo um lugar de educação para a oração:

> As nossas comunidades, amados irmãos e irmãs, devem tornar-se *autênticas «escolas» de oração*, onde o encontro com Cristo não se exprima apenas em pedidos de ajuda, mas também em ação de graças, louvor,

---

(3) *Ibidem*, n. 33.

14 JACQUES PHILIPPE

adoração, contemplação, escuta, afetos de alma, até se chegar a um coração verdadeiramente «apaixonado». Uma oração intensa, mas sem afastar do compromisso na história: ao abrir o coração ao amor de Deus, aquela abre-o também ao amor dos irmãos, tornando-nos capazes de construir a história segundo o desígnio de Deus[4].

Este chamado à oração vale para nós, inclusive leigos. Se estes últimos não rezam ou se contentam com uma oração superficial, ficam em perigo:

> Seria errado pensar que o comum dos cristãos possa contentar-se com uma oração superficial, incapaz de preencher a sua vida. Sobretudo perante as numerosas provas que o mundo atual põe à fé, eles seriam não apenas cristãos medíocres, mas «cristãos em perigo»: com a sua fé cada vez mais debilitada, correriam o risco de acabar cedendo ao fascínio de sucedâneos, aceitando propostas religiosas alternativas e acomodando-se até às formas mais extravagantes de superstição[5].

E, logicamente, o papa conclui assim:

> É preciso que *a educação para a oração* se torne de qualquer modo um ponto qualificativo de toda programação pastoral[6].

---

(4) *Idem.*
(5) *Ibidem*, n. 34.
(6) *Idem.*

1. A oração como resposta a um chamado

A primeira coisa que deve motivar-nos e encorajar-nos a iniciar uma vida de oração é o convite do próprio Deus. O homem busca Deus, mas Deus o busca muito antes. Deus nos convoca a rezar, pois desde sempre, e bem mais do que imaginamos, deseja ardentemente entrar em comunhão conosco.

O fundamento mais sólido da vida de oração não é a nossa própria busca, a nossa iniciativa pessoal, o nosso desejo (eles têm seu valor, mas podem vir a faltar), e sim o chamado de Deus: *Orai sem cessar!* (Lc 18, 1); *Vigiai e orai* (Lc 21, 36); *Vivei na oração!* (Ef 6, 18)

De início, não rezamos porque desejamos Deus ou porque esperamos da vida de oração benefícios preciosos, mas rezamos, sim, porque Deus nos pede. E, pedindo-nos, Ele sabe o que faz. O seu projeto ultrapassa infinitamente aquilo que podemos entrever, desejar ou imaginar. Há na oração um mistério que nos ultrapassa absolutamente. O motor da vida de oração é a fé, enquanto obediência confiante àquilo que Deus nos propõe, e somos incapazes de imaginar as imensas repercussões positivas dessa resposta humilde e confiante ao chamado de Deus; é como a história de Abraão, que se pôs a caminho sem saber aonde iria e tornou-se assim pai de uma multidão.

Quem reza por causa dos benefícios que espera obter arrisca-se a perder o entusiasmo cedo ou tarde. Esses benefícios não são nem imediatos nem mensuráveis. Quem reza numa atitude de humilde submissão a Deus terá sempre a graça de perseverar. Escutemos essas palavras de Marthe Robin[7]:

> Quero ser fiel, muito fiel à oração de cada dia, apesar das securas, dos aborrecimentos, dos desgostos que poderei vir a ter... Apesar das palavras maldizentes, desencorajadoras, ameaçadoras que o demônio poderá me repetir! [...] Nos dias de confusão e de grandes tormentos, direi a mim mesma: Deus assim quer, minha vocação assim quer, isto me basta! Farei oração, permanecerei todo o tempo que me foi prescrito em oração, farei o melhor que puder na minha oração e quando chegar a hora de me retirar, ousarei dizer a Deus: meu Deus, não rezei o suficiente, não trabalhei o suficiente, não fiz o suficiente, mas Te obedeci. Sofri, mas mostrei que Te amo e que quero Te amar.

Essa atitude de obediência amorosa e confiante é a mais fecunda que existe. A nossa vida de oração será mais rica e benéfica quando for animada, não pelo desejo de obter ou de ganhar o que quer que seja, mas por uma disposição de obediência confiante, de resposta ao chamado de Deus. Deus sabe o que é bom para nós e isto deveria bastar-nos. Não devemos ter uma visão utilitarista da oração, fechar-nos numa lógica de eficácia, de

---

(7) Marthe Robin (1902-1981) foi uma mística francesa, fundadora dos Foyers de Charité. Portadora de uma doença nervosa rara, passou mais de cinquenta anos acamada, mas a sua intensa vida interior atraia à sua casa várias pessoas em busca de aconselhamento. Em 2014, a Santa Sé reconheceu as suas virtudes heroicas. (N. do E.)

rentabilidade. Isso perverteria tudo! Não temos de justificar-nos aos olhos de ninguém quanto ao tempo que consagramos à oração. Deus convida-nos, se posso dizer assim, a «perder tempo» por Ele, e isso basta. Essa será uma «perda fecunda»[8], como diz Santa Teresa de Lisieux. Há uma dimensão de gratuidade que é absolutamente fundamental na vida de oração. Paradoxalmente, quanto mais a oração é gratuita, mais frutos traz. Trata-se de nos confiarmos a Deus a ponto de fazer aquilo que Ele nos pede, sem ter necessidade de outras justificativas: *Fazei tudo o que ele vos disser* (Jo 2, 5), diz Maria aos servos durante as bodas de Caná.

Salvaguardando sempre esse fundamento de gratuidade, quero ainda expor um conjunto de razões que legitimam os tempos consagrados à oração. São João da Cruz afirma: «Quem foge da oração foge daquilo que é bom»[9]. Expliquemos o porquê.

2. O primado de Deus na nossa vida

A existência humana não encontra a plenitude de equilíbrio e a beleza se Deus não está no centro. «Deus, o primeiro a ser servido!», dizia Santa Joana d'Arc. A fidelidade à oração permite garantir, de maneira concreta e efetiva, o primado de Deus. Sem ela, a prioridade dada a Deus arrisca-se a não ser mais que uma boa intenção, quando não uma ilusão. Quem não reza, de maneira su-

---

(8) Poema 17.

(9) *Ditos de luz e de amor*, 180.

til mas certa, porá o próprio «ego» no centro da sua vida, e não a pessoa viva de Deus. Ele será dispersado pela multidão de desejos, de solicitações, de medos. Quem reza, pelo contrário, mesmo se tiver de confrontar o peso do seu ego, as forças que o dobram para si mesmo e o egoísmo que o habita, estará num movimento de descentralização de si e de recentralização em Deus, permitindo que Ele assuma (ou reassuma) pouco a pouco o justo lugar na sua vida: o primeiro. Ele encontrará assim a unidade e a coerência da sua vida. *Quem não junta comigo, dispersa*, diz Jesus (Lc 11, 23). Quando Deus está no centro, tudo encontra o seu justo lugar.

Dar a Deus um primado absoluto perante todas as outras realidades (trabalho, relações humanas, etc.) é o único meio de instaurar uma relação justa com as coisas, num verdadeiro ordenamento e numa distância saudável que permite salvaguardar a liberdade interior e a unidade de vida. Do contrário, cai-se, por um lado, na indiferença, na negligência, ou, por outro, no apego, na invasão, na dispersão em inquietudes inúteis.

A relação com Deus que se fortalece na oração é também um elemento fundamental de estabilidade na nossa vida. Deus é o Rochedo, aquele cujo amor é inabalável, *o Pai das luzes, no qual não há mudança, nem mesmo aparência de instabilidade* (Tg 1, 17). Num mundo tão instável quanto o nosso, que parece evoluir para todos os lados, é ainda mais importante encontrar o nosso apoio interior em Deus. A oração nos ensina a enraizar-nos em Deus, a *permanecer no seu amor* (Jo 15, 9), a encontrar nEle a força e a segurança, permitindo assim que nos tornemos um alicerce estável para os outros.

Acrescentemos que Deus é a única fonte de energia inesgotável. Pela oração, *mesmo se nosso homem exterior se arruína, nosso homem interior se renova dia após dia*, para recordar a expressão de São Paulo (2 Cor 4, 16). Lembremo-nos também as palavras de Isaías (40, 30-31):

> Até os adolescentes podem esgotar-se, e os jovens robustos podem cambalear, mas aqueles que contam com o Senhor renovam suas forças; ele dá-lhes asas de águia. Correm sem se cansar, vão para a frente sem se fatigar.

Com certeza teremos na vida tempos de prova e fraqueza, pois é preciso que experimentemos a nossa fragilidade, que nos reconheçamos pobres e pequenos. Permanece o fato, contudo, de que Deus saberá nos dar na oração a energia de que precisamos para servi-lO e amá-lO, incluindo por vezes as forças físicas.

3. Amar gratuitamente

A fidelidade à oração é preciosa, pois nos ajuda a preservar o aspecto de gratuidade na nossa vida. Como eu dizia acima, orar é perder o tempo por Deus. No fundo, trata-se de uma atitude de amor gratuito. Esse senso de gratuidade está bastante ameaçado hoje, quando tudo é pensado em termos de rentabilidade, de eficiência, de performance, coisa que acaba por ser o ele-

20 JACQUES PHILIPPE

mento destruidor por excelência da existência humana. O amor verdadeiro não pode entrincheirar-se na categoria do «útil». O Evangelho de Marcos, ao narrar a escolha dos Doze, diz que Jesus os escolheu antes de mais nada *para ficar em sua companhia* (Mc 3, 14). E somente depois disso para compartilhar a sua missão: pregar, expulsar demônios, etc. Não somos somente servos; somos chamados a ser amigos, numa vida e numa intimidade compartilhadas além de todo utilitarismo. Como nas origens, quando Deus passeava no jardim do Éden com Adão e Eva na brisa da tarde (cf. Gn 3, 8). Gosto muito de uma das palavras de Deus dirigida à Irmã Maria da Trindade[10], chamando-a a uma vida de oração totalmente gratuita, de adoração e de pura receptividade: «É mais fácil encontrar operários para trabalhar do que filhos para festejar»[11].

Orar é passar gratuitamente algum tempo com Deus pela alegria de estar junto dEle. É amar, pois dar o tempo é dar a vida. O amor não é, em primeiro lugar, fazer qualquer coisa pelo outro: é estar presente. A oração nos educa a estarmos presentes para Deus numa simples atenção amorosa.

A maravilha é que, aprendendo a estar presentes somente para Deus, aprendemos a estar presentes para os outros. As pessoas com uma longa vida de oração de-

---

(10) Religiosa dominicana (1903-1980), recebedora de grandes graças místicas, mas que passou por uma grave e longa depressão antes de encontrar o equilíbrio e a paz e terminar a vida como eremita. Cf. Christiane Sanson, *Marie de la Trinité, de l'angoisse à la paix*, Cerf, Paris, 2003.

(11) Maria da Trindade, *Entre dans ma gloire*, Éditions Arfuyen, Paris, 2003, pág. 74.

monstram uma qualidade de atenção, de presença, escuta e disponibilidade de que nem sempre são capazes aqueles que se deixam levar pelas atividades. Da oração nascem uma delicadeza e um respeito que são presentes preciosos para aqueles que aparecem no nosso caminho.

Não há mais bela e mais eficaz escola de atenção ao próximo que a perseverança na oração. Pôr em lados contrários ou concorrentes a oração e o amor ao próximo seria um contrassenso.

4. Antecipar o Reino

A oração nos faz antecipar o Céu. Ela nos faz entrever e saborear uma felicidade que não é deste mundo, que ninguém aqui embaixo poderia nos oferecer, uma alegria de Deus à qual estamos todos destinados, para a qual Ele nos criou. Na vida de oração encontramos combates, sofrimentos, aridez (voltaremos a isso). Mas quem persevera fielmente, saboreia de tempos em tempos uma alegria indizível, uma paz e uma saciedade que são um antegosto do paraíso. *Vereis os céus se abrirem*, prometeu-nos Jesus (Jo 1, 51).

A primeira regra de ordem dos irmãos de Nossa Senhora do Monte Carmelo, fundada na Terra Santa no século XII, convida-os a «meditar a lei do Senhor dia e noite», com esta ambição:

Degustar de uma certa maneira em nosso coração, experimentar em nosso espírito a força da divina presença e da doçura da glória do alto, não somente após a morte, mas já nesta vida mortal[12].

Santa Teresa de Ávila retoma a mesma ideia no *Livro das Moradas*:

> Por isso, minhas irmãs, agora é pedir ao Senhor, já que de alguma maneira podemos gozar do Céu na terra, que nos dê seu favor para que não lhe falhemos por nossa culpa e nos mostre o caminho e dê forças na alma para cavar até achar este tesouro escondido, pois é verdade que está em nós mesmas[13].

A oração permite aceder às realidades que São Paulo anuncia aos Coríntios (1 Cor 2, 9):

> É como está escrito: Coisas que os olhos não viram, nem os ouvidos ouviram, nem o coração humano imaginou (Is 64, 4), tais são os bens que Deus tem preparado para aqueles que o amam.

O que significa também que na oração o homem aprende desde esta terra qual será a sua atividade e a sua alegria durante toda a eternidade: extasiar-se com a beleza divina e a glória do Reino. Ele aprende a fazer aquilo para que foi criado. Exercita as suas faculdades mais be-

---

(12) Citado por E. Renault, *Ste Thérèse d'Avila et l'expérience mystique*, Seuil, Paris, 1970, pág. 126.

(13) *Quintas moradas*, capítulo 1.

las e mais profundas, com frequência inutilizadas: a adoração, a admiração, o louvor e a ação de graças. Reencontra um coração e um olhar de filho para maravilhar-se com a Beleza acima de toda beleza, o Amor que transcende todo amor.

Rezar significa, assim, nos realizarmos enquanto pessoas humanas, segundo as potencialidades mais profundas da nossa natureza e as aspirações mais secretas do nosso coração. Ninguém vive essas coisas perceptivelmente todos os dias, com certeza, mas toda pessoa que se empenha com fidelidade e boa vontade no caminho da oração experimentará alguma coisa, ao menos em certos momentos de graça. Sobretudo hoje: há tanto horror, mal, angústia no mundo, que Deus, que é fiel e quer despertar-nos na esperança, não deixa de revelar aos seus filhos o tesouro de seu Reino. São João da Cruz afirmava no século XVI:

> O Senhor sempre revelou aos mortais os tesouros da sua sabedoria e do seu espírito; mas agora, que a malícia vai mostrando cada vez mais o seu rosto, revela-os ainda mais[14].

Que diria ele hoje!

Fico bastante impressionado com certas graças de oração que muitas pessoas simples recebem nos nossos dias, por exemplo, durante a adoração eucarística semanal nas suas paróquias. Não se fala disso nos jornais, mas há

---

(14) *Ditos de luz e amor*, 1.

uma verdadeira vida mística no povo de Deus, sobretudo entre os pobres e pequenos.

> *Naquela mesma hora, Jesus exultou de alegria no Espírito Santo e disse: Pai, Senhor do céu e da terra, eu te dou graças porque escondeste estas coisas aos sábios e inteligentes e as revelaste aos pequeninos. Sim, Pai, bendigo-te porque assim foi do teu agrado* (Lc 10, 21).

Uma bela coisa a notar: pondo-nos em comunhão com Deus, a oração nos faz participar da criatividade dEle. A contemplação alimenta as nossas faculdades criadoras e a nossa inventividade. Especialmente no domínio da beleza. A arte contemporânea carece cruelmente de inspiração e produz com frequência uma feiura aflitiva, ao passo que o homem tem sede de beleza. Somente uma renovação de fé e de oração poderá permitir aos artistas reencontrar as forças da verdadeira criatividade para estar em condições de oferecer à humanidade a beleza que lhe é necessária, como fizeram um Fra Angelico, um Rembrandt, um Johann Sebastian Bach.

5. Conhecimento de Deus e conhecimento de si

Um dos frutos da oração é o ingresso progressivo num conhecimento de Deus e de de si mesmo. Haverá uma enormidade de coisas a dizer sobre isso e existe a esse propósito uma tradição riquíssima nos autores espirituais. Só posso falar delas brevemente.

A oração introduz-nos pouco a pouco num verdadeiro conhecimento de Deus. Não um Deus abstrato, distante, o «grande relojoeiro» de Voltaire ou o Deus dos filósofos e dos eruditos. Nem mesmo o de uma certa teologia fria e cerebral. Mas o Deus pessoal, vivo e verdadeiro, o Deus de Abraão, de Isaac e de Jacó, o Pai de Nosso Senhor Jesus Cristo. O Deus que fala ao coração, segundo a expressão de Pascal. Não um Deus que conhecemos por algumas ideias herdadas da nossa educação ou cultura, ou ainda um Deus que seria o produto das nossas projeções fisiológicas, mas o Deus verdadeiro.

A oração nos permite ir além das nossas ideias sobre Deus, das nossas representações (sempre falsas ou demasiado estreitas), rumo a uma experiência de Deus. É muito diferente. No livro de Jó, encontra-se esta bela expressão: *Meus ouvidos tinham escutado falar de ti, mas agora meus olhos te viram* (Jó 42, 5).

O objeto principal dessa revelação pessoal de Deus, fruto essencial da oração, é que O reconheçamos como Pai. Através de Cristo, na luz do Espírito, Deus se revela como Pai. A passagem de Lucas que citamos anteriormente, onde Jesus exulta de alegria pela revelação escondida aos sábios e aos inteligentes, mas manifestada aos pequeninos, prossegue com essas palavras (Lc 10, 22):

Todas as coisas me foram entregues por meu Pai. Ninguém conhece quem é o Filho senão o Pai, nem quem é o Pai senão o Filho, e aquele a quem o Filho o quiser revelar.

Isso mostra bem que o objeto dessa revelação é o mistério de Deus, nosso Pai. Deus como fonte inesgotável de vida, como Origem, como dom inesgotável, como generosidade, e Deus como bondade, ternura, misericórdia infinita. A linda passagem do capítulo 31 do Livro de Jeremias, que anuncia a Nova Aliança, encerra-se com essas palavras:

> *Eis a aliança que, então, farei com a casa de Israel — oráculo do Senhor: Incutir-lhe-ei a minha lei; gravá-la-ei em seu coração. Serei o seu Deus e Israel será o meu povo. Então, ninguém terá encargo de instruir seu próximo ou irmão, dizendo: Aprende a conhecer o Senhor, porque todos me conhecerão, grandes e pequenos — oráculo do Senhor —, pois a todos perdoarei as faltas, sem guardar nenhuma lembrança de seus pecados.*

Este texto associa de maneira muito bela o conhecimento de Deus concedido a todos com a efusão da sua misericórdia, do seu perdão.

Deus é conhecido na sua grandeza, transcendência, majestade e potência infinitas, mas, ao mesmo tempo, na sua ternura, proximidade, doçura e misericórdia inesgotáveis. Esse conhecimento não é um saber, mas uma experiência viva de todo ser.

Esse conhecimento de Deus concedido a todos nos tempos messiânicos é também anunciado de maneira bastante sugestiva pelo profeta Isaías: *A terra estará cheia de ciência do Senhor, assim como as águas recobrem o fundo do mar* (Is 11, 9).

O conhecimento de Deus dá também acesso ao verdadeiro conhecimento de si. O homem não pode conhecer-se verdadeiramente senão na luz de Deus. Tudo aquilo que pode conhecer de si mesmo pelos meios humanos (experiência da vida, psicologia, ciências humanas) não deve ser desprezado, diga-se. Mas isso não lhe dá mais que um conhecimento limitado e parcial do seu próprio ser. Ele não tem acesso à sua identidade profunda senão à luz de Deus, no olhar que o Pai do Céu lança sobre ele.

Esse conhecimento tem dois aspectos: um aspecto à primeira vista negativo, mas que logo resulta em algo extremamente positivo. Sobre isso falarei mais detidamente logo adiante, mas desde já gostaria de tecer alguns comentários.

O aspecto negativo concerne ao nosso pecado, à nossa miséria profunda. Só os conhecemos realmente à luz de Deus. Diante dEle já não há mentiras possíveis, nem escapatórias ou justificativas, por mais máscaras que tenham. Somos completamente obrigados a reconhecer quem somos, com as nossas feridas, fragilidades, incoerências, egoísmos, durezas de coração, cumplicidades secretas com o mal, etc.

Isso nada mais é que estar exposto à Palavra de Deus:

Porque a palavra de Deus é viva, eficaz, mais penetrante do que uma espada de dois gumes e atinge até a divisão da alma e do corpo, das juntas e medulas, e discerne os pensamentos e intenções do coração. Nenhuma criatura lhe é invisível. Tudo é nu e descoberto aos olhos daquele a quem havemos de prestar contas (Hb 4, 12-13).

Felizmente, Deus é terno e misericordioso, e essa iluminação se dá aos poucos, no tempo e na medida que somos capazes de suportar. Deus só mostra o nosso pecado revelando simultaneamente o seu perdão e a sua misericórdia. Descobrimos a tristeza da nossa condição de pecadores, mas também a nossa pobreza absoluta enquanto criaturas: só temos aquilo que recebemos de Deus, e se o recebemos é por pura graça, sem que possamos atribuir absolutamente nada a nós mesmos nem nos gabar por seja lá o que for.

Esse encontro com a verdade é necessário: não há cura sem o conhecimento da doença. Somente a verdade nos torna livres. Felizmente, as coisas não param por aí. Elas desembocam em algo mais profundo e infinitamente belo: além dos nossos pecados e misérias, a descoberta da nossa condição de filhos de Deus. Deus nos ama tal como somos, com um amor absolutamente incondicional, e é este amor que nos constitui na nossa identidade profunda.

Mais profundo e mais essencial que os nossos limites humanos e o mal que nos afeta, há algo como um núcleo intacto, a nossa identidade de filhos de Deus. Sou um ser contaminado, tenho necessidade urgente de purificação e de conversão. Contudo, há em mim algo absolutamente puro e intacto: o amor que Deus me oferece como Criador e Pai, fundamento da minha identidade, da minha condição inalienável de filho amado. Acessá-lo na fé é precisamente aquilo que abre e garante a possibilidade do caminho de conversão e de purificação das quais não posso fazer economia.

Todo homem e toda mulher estão em busca da própria identidade, da sua personalidade profunda. Quem sou? É uma questão que por vezes nos colocamos com angústia ao longo da vida. Buscamos construir uma personalidade, realizarmo-nos segundo as nossas aspirações íntimas, assim como segundo os critérios de sucesso do contexto cultural em que vivemos. Entregamo-nos ao trabalho, à família, às relações sociais, às responsabilidades diversas, etc. Até o esgotamento, por vezes... Ainda assim, permanecemos vazios em alguma parte, insatisfeitos, perplexos: Quem sou de verdade? Tudo aquilo que vivi até hoje exprime realmente aquilo que sou?

Há toda uma dimensão da minha identidade que deriva da minha história, da minha herança, das coisas que sofri e das decisões que tomei, mas não é a mais profunda. Esta não se revela senão no encontro com Deus, que descasca tudo aquilo que é artificial e construído na minha personalidade. A nossa verdadeira personalidade não é tanto uma realidade a construir quanto um dom a receber. Não se trata de conquistar seja lá o que for, mas de deixar-se gerar. *Tu és o meu Filho bem-amado; em ti ponho minha afeição* (Lc 3, 22). No Evangelho de Lucas, essas palavras são ditas pelo Pai a Jesus quando do seu batismo, mas podemos absolutamente fazê-las nossas em virtude do nosso próprio batismo.

A essência da minha personalidade consiste em duas realidades que sou chamado a descobrir progressivamente; são realidades simples, mas de uma riqueza inesgotável: o amor único que Deus tem por mim e o amor único que eu posso ter por Ele.

A oração e o encontro com Deus me fazem descobrir o amor único que Deus tem por mim. Todo homem (e também toda mulher!) tem uma aspiração profunda de sentir-se amado de maneira única. Não de ser amado de maneira geral, como um elemento dentre outros de um grupo mais vasto, mas sim ser apreciado, considerado de uma maneira única. A experiência amorosa é fascinante justamente porque nos leva a entrever isso: um ser adquire para mim um preço que nenhum outro tem, e, em contrapartida, eu assumo aos seus olhos um valor único.

É isso que o amor do Pai concretiza. Sob o seu olhar, cada um de nós pode experimentar que é amado, escolhido por Deus, de uma maneira extremamente pessoal. Temos com frequência o sentimento de que Deus ama de maneira geral: Ele ama todos os homens, dos quais faço parte, então deve interessar-se um pouco por mim! Mas ser amado de maneira «global», como um elemento de um conjunto, não nos satisfaz. E não corresponde absolutamente à realidade do amor do Pai, que é particular, único, por cada um de seus filhos. O amor de Deus é pessoal e personalizante. Cada um de nós tem todo direito de dizer: Deus me ama como ninguém mais nesse mundo! Deus não ama duas pessoas do mesmo modo, porque o seu amor é precisamente aquilo que cria a personalidade, que é diferente para cada um. Há bem mais diferenças entre as almas do que entre os rostos, diz Santa Teresa de Ávila. Esta personalidade única é simbolizada pelo «nome novo» do qual fala a Escritura. No livro de Isaías: *Receberás então um novo nome, determinado pela boca do Senhor* (Is 62, 2). E no livro do Apocalipse:

Quem tiver ouvidos, ouça o que o Espírito diz às igrejas: Ao vencedor darei o maná escondido e lhe entre-

1. OS GANHOS DA ORAÇÃO

garei uma pedra branca, na qual está escrito um nome novo que ninguém conhece, senão aquele que o receber (Ap 2, 17).

Este amor único que Deus dá a cada um inclui em troca o dom de uma resposta única. Em muitos santos, e sobretudo santas, encontram-se palavras como estas: «Jesus, eu queria te amar como ninguém jamais te amou! Fazer por ti loucuras que ninguém jamais fez!»

Ante essas palavras, sentimo-nos bem pobres, bem conscientes de que não podemos ultrapassar no amor todos aqueles que nos precederam. Ainda assim, este desejo não é vão, e pode concretizar-se na vida de qualquer pessoa: ainda que eu não seja Santa Teresa de Ávila nem Francisco de Assis, posso dar a Deus (e também aos meus irmãos e irmãs, à Igreja, ao mundo) um amor que ninguém ainda deu. O amor que me cabe oferecer, segundo a minha personalidade, em resposta ao amor que Deus me revela e com a graça que Ele me dá. Tenho, no coração de Deus e no mistério da Igreja, um lugar único, um papel único e insubstituível, uma fecundidade própria, que não pode ser assumida por mais ninguém.

Receber como fruto da oração esta dupla certeza – a certeza de ser amado de maneira única e a certeza de poder (apesar da minha fraqueza e dos meus limites) amar de maneira única – é um dom extremamente precioso. É assim que se constitui o núcleo mais profundo e mais sólido da nossa identidade.

Trata-se, bem entendido, de uma realidade que permanece misteriosa, inatingível, em grande parte inexprimível. Não é algo de que podemos apropriar-nos, de que poderíamos gloriar-nos; ela precisa ser vivida com grande humildade e pobreza. Ela é mais objeto de fé e de esperança do que uma posse de que se poderia tirar vantagem. Não obstante, é suficientemente real e certa para nos conferir a liberdade e a segurança interiores necessárias para enfrentarmos a vida com confiança.

Em razão disso que acabamos de dizer, e por muitas outras razões, a descoberta de Deus como Pai, fruto essencial da fidelidade à oração, é a coisa mais preciosa no mundo, o maior dos dons do Espírito.

> *Porquanto não recebestes um espírito de escravidão para viverdes ainda no temor, mas recebestes o espírito de adoção pelo qual clamamos:* Abba! *Pai! O Espírito mesmo dá testemunho ao nosso espírito de que somos filhos de Deus.* (Rm 8, 15-16)

A paternidade de Deus com relação a nós é a realidade mais profunda que existe, a mais rica e inexprimível, um abismo inconcebível de vida e misericórdia. Não há nada mais feliz do que ser filho, que viver no movimento dessa paternidade, que receber a si mesmo e tudo da bondade e da generosidade de Deus. «É tão doce chamar a Deus nosso Pai», dizia Teresa de Lisieux, vertendo lágrimas de felicidade[15].

---

(15) Contado pela sua irmã Celina em: Teresa de Lisieux, *Conselhos e lembranças*, 7ª ed., Paulus, São Paulo, 2006, pág. 74.

6. Da oração nasce a compaixão para com o próximo

Um dos mais belos frutos da oração (e um critério de discernimento da sua autenticidade) é o aumento do amor ao próximo.

Se a nossa oração é verdadeira (veremos mais adiante o que isso significa), ela nos aproxima de Deus, nos une a Ele e nos leva a compartilhar o amor infinito que Ele tem por cada uma das suas criaturas. A oração dilata e enternece o coração. Onde falta a oração, os corações se endurecem e o amor esfria. Sobre isso haveria muito a dizer e muitos testemunhos a apresentar. Contento-me simplesmente em citar um belo texto de São João da Cruz. Um mestre da mística, mas também (contrariamente a imagem que por vezes se faz) um dos homens mais ternos e mais compassivos que o mundo conheceu.

É verdade evidente que a compaixão pelo próximo cresce na medida em que a alma se une a Deus por amor. Porque, quanto mais ama, mais deseja que esse mesmo Deus seja amado e honrado por todos. Antes, parecendo-lhes pouco irem sozinhos para o céu, procuram, com ânsias e celestiais afetos, com engenhosas diligências, levar também consigo muitas almas. E isso nasce do grande amor que eles têm por seu Deus; eis o fruto próprio e o efeito da oração e da contemplação perfeitas[16].

---

(16) *Ditames de espírito*, n. 10.

7. A oração, caminho de liberdade

A fidelidade à oração é um caminho de liberdade. Ela nos educa progressivamente a buscar em Deus (e a encontrar, pois *aquele que busca, encontra*, nos assegura o Evangelho em Mt 7, 8) os bens essenciais aos quais ansiamos: o amor infinito e eterno, a paz, a segurança, a felicidade...

Se não aprendermos a receber da mão de Deus estes bens que nos são necessários, arriscamo-nos fortemente a buscá-los em outros lugares e a esperar das coisas deste mundo (as riquezas materiais, o trabalho, as relações sociais...) aquilo que não podem nos dar.

As nossas relações com o próximo são frequentemente decepcionantes porque esperamos deles, em geral sem o saber, coisas que não podem nos dar. De tais ou quais relações privilegiadas espera-se uma felicidade absoluta, um pleno reconhecimento, uma segurança perfeita. Nenhuma realidade criada, nenhuma pessoa humana, nenhuma atividade pode satisfazer plenamente esse anseio. Como esperamos demais e não recebemos, tornamo-nos amargos, frustrados, e acabamos por querer terrivelmente mal àqueles que não corresponderam às nossas expectativas. Não é culpa deles. As nossas expectativas é que são desmedidas: pretendemos obter de uma pessoa bens que somente Deus pode nos garantir.

Dito isso, não pretendo de modo algum desqualificar as relações interpessoais nem as diversas atividades humanas. Creio muito no amor, na amizade, na vida fraternal, em tudo aquilo que podemos receber uns dos outros nas relações mútuas. O encontro com uma pessoa e os laços que mantemos com ela podem por vezes ser um magnífico presente de Deus. Deus com frequência se compraz em manifestar-nos o seu amor através da amizade ou da solicitude de uma pessoa que Ele põe no nosso caminho. Mas é preciso que Deus permaneça no centro e que não exijamos de uma pobre criatura humana, limitada e imperfeita, que nos dê aquilo que somente Deus pode dar.

Também não quero dar a entender que os bens que mencionei anteriormente (paz, felicidade, segurança, etc.) nos sejam conferidos de maneira imediata e a partir do instante em que nos pomos a rezar. Mas permanece sempre verdade que a fidelidade à oração exprime de maneira concreta que é a Deus que queremos orientar as nossas expectativas por esses bens, num movimento de esperança e de fé, e, assim, aquilo que esperamos e aguardamos da sua misericórdia nos será comunicado pouco a pouco. Esse é um elemento fundamental de equilíbrio no campo das relações humanas, que evita que exijamos dos outros aquilo que não podem dar, com todas as consequências tantas vezes dramáticas que podem resultar disso.

Quanto mais Deus estiver no centro da nossa vida, quanto mais esperarmos dEle e somente dEle, mais as nossas relações humanas terão chances de serem ajustadas e felizes.

Esperar de uma realidade qualquer aquilo que somente Deus pode nos dar tem um nome na tradição Bíblica: a idolatria. Podemos idolatrar, sem nos darmos conta, muitas coisas: pessoas, trabalho, diploma, desempenho em certas atividades, sucessos, amores, prazeres, etc. Tudo isso é bom em si mesmo, mas sob a condição de que não lhe demandemos mais do que é legítimo. A idolatria nos faz sempre perder uma parte da nossa liberdade. Os ídolos decepcionam; com muita frequência, acabamos por detestar aquilo que antes adorávamos. Deus não nos decepcionará jamais. Ele nos conduzirá por caminhos inesperados e por vezes dolorosos, mas satisfará nossas expectativas. *Somente em Deus minha alma repousa* (Sl 62, 2).

A experiência comprova: a fidelidade à oração, mesmo que por vezes enfrente fases difíceis, momentos de aridez e prova, conduz-nos gradativamente a encontrar em Deus uma paz profunda, uma segurança e uma felicidade que nos fazem livres com relação ao olhar dos outros. Se encontro a felicidade e a paz em Deus, serei capaz de dar muito ao meu próximo e capaz também de aceitá-lo tal como é, sem lhe querer mal quando não corresponde às minhas expectativas. Deus basta.

Eu acrescentaria que o fato de encontrarmos na oração uma felicidade, direi mesmo um certo prazer, nos torna mais livres com relação a essa busca ansiosa de satisfações humanas que é a nossa tentação permanente. Nosso mundo encontra-se num grande vazio espiritual, e espanta-me ver como esse vazio interior nos impulsiona a uma busca frenética de satisfações sensíveis. Não tenho nada contra os prazeres legítimos da vida, as boas refeições, as garrafas de bordeaux ou os banhos relaxantes. São um dom de Deus, mas é preferível que os usemos com medida. Há por vezes no mundo um desejo insaciável de sentir, de saborear, de experimentar emoções e sensações sempre novas e mais intensas, que podem conduzir a comportamentos destrutivos como bem se vê nos campos da sexualidade, da droga, etc. A busca de sensações sempre mais fortes muitas vezes desemboca na violência.

Quando falta o *sentido*, busca-se substituí-lo com a *sensação*. «Preencha-se de sensações!», diz uma recente publicidade para automóveis. Mas é um impasse que só produz frustrações, quando não autodestruição e violência. Mil satisfações não fazem uma felicidade...

Uma última consideração sobre este ponto da oração enquanto caminho de liberdade: como veremos mais à frente, a fidelidade à oração nos faz pouco a pouco experimentar que os verdadeiros tesouros são interiores, que possuímos em nós o Reino e a sua felicidade. Essa descoberta nos fará mais livres com relação aos bens da terra; nos libertará pouco a pouco do anseio excessivo por posses, dessa tendência atual a preencher a vida com uma multidão de coisas materiais que acabam por nos sobrecarregar e endurecer o nosso coração.

8. A oração faz a unidade de nossa vida

No fio do tempo e da fidelidade, a oração se revela um maravilhoso «centro unificador» da vida. No encontro com Deus, na entrega confiante e constante nas suas mãos de Pai daquilo que constitui a nossa existência – os eventos e circunstâncias que atravessamos –,

38   JACQUES PHILIPPE

tudo é pouco a pouco como que «digerido», integrado, arrancado do caos, da dispersão, da incoerência. A vida encontra então a sua unidade profunda. Deus é o Deus Uno e aquele que unifica nosso coração, a nossa personalidade, toda a nossa existência. O Salmo 85 formula esta bela petição: *Unificai meu coração para que ele tema o teu nome*. Graças ao encontro regular com Deus na oração, tudo, no fim das contas, torna-se positivo: os nossos desejos, a nossa boa vontade, os nossos esforços, mas também a nossa pobreza, os nossos erros, os nossos pecados. As circunstâncias felizes ou infelizes, as escolhas boas ou más, tudo é como que «recapitulado» em Cristo e se torna graça. Tudo acaba tomando um sentido e se integrando num caminho de crescimento no amor. «O amor é tão potente em obras que sabe tirar proveito de tudo, do bem e do mal que ele encontra em mim», diz santa Teresa de Lisieux[17], citando João da Cruz.

Nos relatos da infância de Jesus, o Evangelho de Lucas nos diz a propósito da Virgem: *Maria conservava todas estas palavras, meditando-as no seu coração* (Lc 2, 19); e *Sua mãe guardava todas estas coisas no seu coração* (Lc 2, 51). Tudo aquilo que Maria vivia, as graças recebidas, as palavras ouvidas, os eventos por que passou, luminosos, mas também dolorosos ou incompreensíveis; tudo acabaria um dia por tomar sentido, não em virtude de uma análise intelectual, mas graças à sua oração interior. Ela não ruminava as coisas na cabeça, mas as guardava num

---

(17) *Manuscrito A*, 83 r.

coração confiante e suplicante, no qual tudo acabou por encontrar seu lugar, por unificar-se e simplificar-se.

Por outro lado, sem a fidelidade ao encontro marcado da oração, a nossa vida arrisca-se muito a não encontrar coerência: *Quem não junta comigo, dispersa,* diz Jesus (Mt 12, 30).

Capítulo 2

As condições
da oração fecunda

Não fostes vós que me escolhestes, mas eu vos escolhi e vos constituí para que vades e produzais fruto, e o vosso fruto permaneça.

João 15, 16

Neste segundo capítulo, gostaria de responder à seguinte pergunta: o que permite que a nossa vida de oração dê lugar a um verdadeiro encontro com Deus e, por conseguinte, produza frutos abundantes e duradouros?

No prólogo da sua obra *A subida do Monte Carmelo*, São João da Cruz faz uma afirmação impressionante:

Sucede também que muitas almas pensam não ter oração e a têm muitíssima; e outras, julgando ter muita oração, quase nenhuma têm.

Por outras palavras, existem pessoas que pensam rezar mal e rezam muito bem, ao passo que outras imaginam que rezam bem e rezam mal!

Como diferenciar os dois casos? Quais são os critérios para isso?

Não é fácil discernir a qualidade da vida de oração, sobretudo quando se trata da própria. Mesmo assim, vou me aventurar por esse terreno delicado porque a questão é importante.

Para avaliar a nossa vida de oração, podemos partir de dois pontos de vista: o dos frutos e o da maneira de fazer oração. Vou tratar dos dois nessa ordem.

1. A oração como lugar de paz interior

É pelo fruto que se conhece a árvore, diz o Senhor no Evangelho (Mt 12, 33). Se a nossa oração for autêntica, produzirá frutos: nos tornará mais humildes, mais doces, mais pacientes, mais confiantes, etc. Aos poucos, ela fará todos os *frutos do Espírito – caridade, alegria, paz, paciência, afabilidade, bondade, fidelidade, brandura, temperança*, como São Paulo lista na Epístola aos Gálatas (Gal 5, 22-23) – brotarem na nossa vida.

Principalmente, a oração nos levará a amar a Deus e ao nosso próximo. A caridade é o fruto e a pedra de toque de toda a nossa vida de oração. *Nada sou sem o amor*, afirma São Paulo (1 Cor 13, 2).

2. AS CONDIÇÕES DA ORAÇÃO FECUNDA

Sem querer tirar a primazia absoluta desse critério (e deixando a questão: é possível medir o grau de amor?), creio que na prática não nos enganamos se nos deixarmos guiar pela paz.

É possível afirmar que a vida de oração de uma pessoa está «em ordem» quando ela vivencia o seu diálogo com Deus como um lugar de pacificação. Essa pessoa pode dizer: «Minha oração não é fantástica. Estou longe de ser um grande místico. Tenho muitas distrações e momentos de aridez. Passo a maior parte do tempo sem sentir grande coisa e jamais me consideraria no ápice da vida espiritual. Apesar de tudo, reconheço que o fato de eu me dedicar regularmente a esse encontro com o Senhor produz em mim um efeito de pacificação interior. Nem sempre sinto essa paz com a mesma intensidade, mas sei que ela é o resultado frequente dos meus tempos de oração. Eles me deixam mais tranquilo, mais confiante; permitem que eu olhe os problemas e as preocupações de uma certa distância, que dramatize menos as dificuldades que pesam sobre a minha vida... E eu sei bem que essa paz, esse deixar de lado as inquietações, não é fruto dos meus esforços psicológicos, mas um dom, uma graça. Às vezes, recebida de maneira inesperada: tenho todos os motivos do mundo para inquietar-me, mas de repente o meu coração recebe uma tranquilidade que logo percebo não ter vindo de mim. A fonte está em Outro...»

Se pensarmos bem, não pode ser diferente: Deus é um oceano de paz. Se a minha oração é sincera e me põe em verdadeira comunhão com Ele, uma parte dessa paz divina será forçosamente transmitida a mim. «A oração nos dá uma paz nova todos os dias», disse o Pe. Matta el-Meskin, grande artífice da renovação monástica dos coptas no Egito[1].

Deus possui uma intensidade de vida cuja força somos incapazes de mensurar: *O Senhor vosso Deus é um fogo devorador* (Dt 4, 24). Ao mesmo tempo, há em Deus uma doçura, uma paz e uma profundidade infinitas que se comunicam, pelo menos em parte, ao nosso coração quando nos abrimos humildemente à sua presença: *Vinde a mim, vós todos que estais aflitos sob o fardo, e eu vos aliviarei* (Mt 11, 28); *A paz de Deus, que excede toda a inteligência, haverá de guardar vossos corações e vossos pensamentos, em Cristo Jesus* (Fil 4, 7).

O dom da paz interior é precioso porque é nesse clima de paz que o amor pode crescer. Essa paz nos torna disponíveis para o trabalho da graça e facilita o nosso discernimento nas situações em que nos encontremos e nas decisões que precisemos tomar. É claro que nem sempre a experimentaremos do mesmo modo. É normal termos altos e baixos nesse campo, que atravessemos momentos de prova em que seremos acometidos por uma inquietude de que não conseguiremos escapar facilmente.

Mas a minha afirmação continua válida: se no geral e com o passar do tempo a nossa oração constitui uma fonte habitual de paz interior, bom sinal.

Se, pelo contrário, não é essa a nossa experiência, convém que nos façamos algumas perguntas. Sem dúvi-

---

(1) Matta el-Meskin, *L'expérience de Dieu dans la vie de prière*, Éditions de Bellefontaine, Bégrolles-en-Mauges, 1997, pág. 30.

da, não rezamos o suficiente ou com as disposições interiores corretas. Nesses casos, recomendo a ajuda de um diretor espiritual.

Para encerrar esse ponto, acrescentemos que um dos frutos preciosos da oração é a pureza de coração. A oração traz em si um grande poder de purificação interior. Na oração, o coração se apazigua, se simplifica e se reorienta para Deus. O que é um coração puro senão um coração inteiramente voltado a Deus, com confiança, com desejo de O amar de verdade e de fazer em tudo a vontade dEle?

2. As disposições da vida de oração fecunda

Vamos tratar agora da questão do discernimento da autenticidade da nossa vida de oração de um outro ponto de vista, não por aquele dos frutos, mas pela nossa maneira de fazer oração.

Para começar, gostaria de afirmar – é uma consequência do que direi adiante, mas é bom já deixar claro – que a principal característica da nossa oração deve ser a fidelidade. Jesus não nos pede para rezar bem, mas para rezar sem cessar!

Quando bem entendida (não encarada como uma simples rotina, mas animada por um desejo sincero de encontrar Deus, de O agradar e amar), a fidelidade traz tudo consigo. O principal combate na vida de oração é o da perseverança. Como nota Santa Teresa de Ávila, o demônio faz de tudo para desviar as almas do caminho dessa fidelidade; vale-se de todos os pretextos possíveis e imagináveis. Fará você pensar que não adianta, que não é digno de rezar, que é perda de tempo, que é melhor deixar para amanhã, que tal ou qual urgência precisa da sua atenção, que será uma pena perder aquele ótimo programa de TV, o que os outros vão achar de você, etc. A santa explica que é lógico que o demônio nos ataque com força nesse campo, já que uma alma fiel à oração está com certeza perdida para ele. A alma de oração pode cair muitas vezes, claro, mas depois de cada queda receberá a graça para se levantar mais alto.

Quão bem acerta o demônio – para conseguir seus fins – em carregar aqui a mão! Sabe o traidor que alma que tenha oração e nela perseverar, está para ele perdida e que todas as quedas que lhe fizer dar a ajudarão, por bondade de Deus, a dar depois maior salto no serviço do Senhor. Isto muito lhe importa[2].

Por isso, a santa nos convida a perseverar custe o que custar:

Importa muito, e tudo, ter uma grande e muito determinada determinação de não parar até chegar, venha o que vier, suceda o que suceder, trabalhe-se o que se trabalhar, murmure quem murmurar, quer lá se chegue, quer se morra no caminho, ou não se te-

---

(2) *Livro da vida*, capítulo 19.

2. AS CONDIÇÕES DA ORAÇÃO FECUNDA

nha ânimo para os trabalhos que nele há, quer se afunde o mundo[3].

3. Uma oração animada pela fé, pela esperança e pelo amor

A ideia que desenvolveremos aqui é simples, mas muito importante, e pode oferecer preciosos pontos de referência ao longo do nosso caminho pessoal, em especial para enfrentarmos as dificuldades que encontramos na vida de oração: a nossa oração será boa e fecunda se estiver fundada na fé, na esperança e no amor. Ela deve apoiar-se no exercício das três *virtudes teologais*, como as chamamos tradicionalmente[4], tão valorizadas na Sagrada Escritura (especialmente no ensinamento de São Paulo) porque nelas reside o dinamismo fundamental da vida cristã[5].

Há diversas maneiras de levar a cabo o propósito de consagrar uns momentos à oração pessoal: meditar um texto da Sagrada Escritura, recitar um salmo lentamente, dialogar livremente com o Senhor, deixar o coração cantar, recitar o rosário ou outra forma de oração repetitiva, permanecer calado na presença de Deus numa atitude de simples disponibilidade ou adoração... Voltaremos mais tarde a essas diferentes possibilidades, que

---

(3) *Caminho de perfeição*, capítulo 21.

(4) São chamadas assim porque o seu objeto principal é Deus. As virtudes teologais são as virtudes que nos unem a Deus.

(5) Cf. por exemplo: 1 Tes 1, 3; 1 Tes 5, 8; 1 Cor 13, 13.

somos livres para adotar de acordo com a nossa conveniência.

O essencial, contudo, não é empregar tal ou qual método, mas verificar as disposições profundas do nosso coração quando nos pomos a rezar. São essas disposições íntimas, e não uma técnica ou fórmula particular, que garantem a fecundidade da vida de oração.

O que importa no final das contas é que a nossa oração – seja qual for o método de que nos valermos – esteja fundamentada em disposições interiores de fé, esperança e amor.

Passaremos a falar agora de cada uma dessas três virtudes teologais, da sua importância e do seu papel na oração.

4. A porta da fé

A oração é essencialmente um ato de fé. Aliás, é a primeira e mais natural expressão da nossa fé. A uma pessoa que diga «Eu creio, mas não rezo», poderíamos muito bem perguntar: «Em que Deus você crê? Se é o Deus da Bíblia, o Deus vivo, de Abraão, de Isaac e de Jacó, o Deus com quem Jesus passava a noite em oração e chamava de *Abba!*, como é possível que você não tenha a menor vontade de falar com Ele?»

A prática da oração exprime, renova, purifica e fortalece a nossa fé. Ainda que não nos demos conta, fazemos um ato de fé sempre que rezamos: cremos que Deus existe, que vale a pena lhe dirigir a palavra e escutar o que

2. AS CONDIÇÕES DA ORAÇÃO FECUNDA

Ele tem a nos dizer, que Ele nos ama, que é bom dedicar-lhe uma parte do nosso tempo, etc. Em toda oração, existe um ato de fé implícito mas fundamental.

É encorajador compreender que é esse ato de fé que nos une a Deus. «Quanto mais fé tem a alma, mais unida está a Deus», diz São João da Cruz[6]. O que realiza a nossa união com Deus não é nem a sensibilidade nem a inteligência, mas a fé. Expliquemos.

5. Qual é o papel da sensibilidade na vida de oração?

A sensibilidade humana é uma faculdade admirável e não é a minha intenção desqualificá-la. O fato de poder sentir, comover-se, vibrar interiormente, é essencial à condição do homem. Eu diria mesmo que é absolutamente indispensável que a sensibilidade e a afetividade façam parte da vida espiritual. Se eu jamais provar sensivelmente a presença e a ternura de Deus, continuarei a considerá-lO um estranho longínquo e abstrato, uma ideia pura. Muitas vezes na vida recente da Igreja, os fiéis sofrem por causa da ausência da sensibilidade.

O salmista nos convida: *Provai e vede como o Senhor é bom* (Sl 34, 9). Temos o direito de pedir graças sensíveis para sentir com o nosso corpo, os nossos sentidos e as nossas faculdades emotivas, para provar algo do mistério de Deus e das verdades da fé. Do contrário, não as compreenderemos nem as integraremos à nossa vida de uma

---

(6) *Subida do Monte Carmelo*, livro 2, capítulo 9.

maneira dinâmica. Todos os métodos de oração e meditação que mobilizam os sentidos e recorrem à capacidade humana de se emocionar são perfeitamente legítimos. Penso que as igrejas estão vazias no Ocidente em parte por causa das demasiadas celebrações frias e prolixas, incapazes de despertar qualquer outra emoção além do tédio... É preciso empenhar-se para que a vida da Igreja, especialmente na liturgia, manifeste uma beleza e um fervor sensíveis capazes de tocar os corações.

Dito isto, cabe a nós agora reconhecer os limites da sensibilidade. É indispensável «provar Deus», mas *aquilo que provamos de Deus ainda não é Deus*. Deus é infinitamente maior e está infinitamente além de tudo o que a nossa sensibilidade pode apreender. E a busca de experiências sensíveis pode transformar-se num fim em si mesmo. Pode suscitar uma espécie de gula espiritual, apegamento e falta de liberdade. A sensibilidade deve ser purificada. O objetivo da oração é encontrar Deus, e não apenas os sentimentos que experimentamos na presença de Deus. É necessário aceitar que às vezes nossa sensibilidade se encontra vazia e seca. E lembrar-nos nesses momentos de que o importante não é o que sentimos, mas o que cremos. O ato de fé ultrapassa as emoções e nos leva a um verdadeiro encontro com Deus mesmo quando a nossa sensibilidade está completamente vazia e o nosso coração parece as dunas do Saara. Mesmo quando não temos o mais mínimo fervor sensível.

Acrescento aqui uma observação que retoma o que ficou dito anteriormente sobre a oração ser um caminho de liberdade. A perseverança fiel na oração apesar da aridez conduz-nos gradativamente a uma liberdade com re-

2. AS CONDIÇÕES DA ORAÇÃO FECUNDA 51

lação à sensibilidade. Somos capazes de aplicar por inteiro a sensibilidade e a afetividade, e até de deixar que se despertem faculdades inéditas nesse campo, de fazer o nosso coração vibrar com emoções novas (as «cordas musicais até então esquecidas», na expressão de Santa Teresa de Lisieux[7]), sem contudo sermos prisioneiros. A cultura moderna insiste em que as pessoas se deixem governar unicamente pela sensibilidade, o que conduz a bastantes formas de imaturidade, ou seja, de escravidão. Se a nossa relação com os outros baseia-se apenas no prazer que eles proporcionam, não passa de puro infantilismo. A verdadeira liberdade consiste em amar o outro quer ele me agrade ou não. A fidelidade à oração, custe o que custar, é uma educação valiosa para isso.

6. Papel e limites da inteligência

Podemos fazer uma reflexão análoga com relação à inteligência. Ela desempenha um papel fundamental na nossa vida natural e sobrenatural. A fé não pode abrir mão da razão. Na medida do possível, devemos procurar compreender as verdades em que cremos, pois é necessário que a inteligência possa apropriar-se do conteúdo da fé. Esse é o papel da teologia. Quanto mais compreendermos aquilo em que cremos, mais a fé nos será luz e força. Vale destacar também que na nossa oração muitas vezes receberemos luzes que iluminarão a nossa

---

(7) Ela usa essa expressão numa bela passagem do manuscrito C em que trata da alegria intensa de ter recebido como «irmãozinho» (ela só tinha irmãs) um missionário confiado às suas orações, Cf. Manuscrito C, 32 r.

inteligência de diversas maneiras: compreenderemos alguns aspectos do mistério de Deus, ganharemos uma percepção mais viva da pessoa de Cristo, do sentido do destino humano, etc. Às vezes, receberemos luzes belas e valiosas para entender o sentido profundo de uma passagem da Escritura. Além dessas luzes gerais sobre o conteúdo da fé, a nossa inteligência também será iluminada em pontos particulares que se referem à nossa existência concreta: que decisão tomar, como governar a própria vida em determinadas circunstâncias, que conselho dar ao amigo que nos pede ajuda, etc.

Cada uma dessas luzes que a nossa inteligência recebe é um dom maravilhoso, e precisamos fazer tudo o que estiver ao nosso alcance para viver a nossa fé de maneira inteligente e pôr para trabalhar as nossas faculdades de reflexão, de compreensão e análise... Jamais progrediremos se desprezarmos essas luzes que iluminam a nossa inteligência; precisamos pedi-las e buscá-las. A preguiça intelectual e a vitalidade espiritual não costumam andar juntas.

Dito isto, é preciso reconhecer que também a inteligência tem os seus limites. É bom que compreendamos as verdades relativas a Deus, mas recordemos que *tudo aquilo que compreendemos de Deus ainda não é Deus...* Deus está infinitamente além de tudo aquilo que a nossa inteligência pode perceber ou representar dEle. Nenhum conceito sobre Deus corresponde verdadeiramente ao que Deus é: *Ó abismo de riqueza, de sabedoria e de ciência em Deus! Quão impenetráveis são os seus juízos e inexploráveis os seus caminhos!* (Rm 11, 33)

A inteligência pode aproximar-nos de Deus, mas não

2. AS CONDIÇÕES DA ORAÇÃO FECUNDA

consegue nos fazer aceder ao que Deus é verdadeiramente em si mesmo. Só a fé faz isso. Há momentos na vida cristã em que a inteligência pode apenas calar e reconhecer a própria incapacidade. O maior teólogo da história da Igreja, São Tomás de Aquino, reconheceu ao fim da vida que tudo o que tinha escrito não passava de palha.

Assim, é normal e até necessário que no nosso caminho cristão, na vida de oração em particular, a inteligência passe por momentos de escuridão. Não é raro que a nossa inteligência fique completamente perdida diante de questões relacionadas com a fé, com o mistério de Deus ou com o sentido de determinado acontecimento para o mundo ou para a nossa vida pessoal. São momentos difíceis, pois a incapacidade de compreender sempre gera uma frustração dolorosa. Mas é inevitável. O que pode nos ajudar nessas situações é recordar que é a fé, e não a inteligência, que nos dá acesso a Deus e à verdade profunda sobre a nossa vida; a fé nos basta, mesmo que a inteligência esteja em agonia. Com efeito, a inteligência precisa de fases de trevas para se purificar e refinar, pois o desejo de compreensão muitas vezes vem acompanhado de coisas de que devemos nos livrar: curiosidades más, o orgulho, as pretensões, a vontade de impor-se (compreender para dominar) e também uma busca por seguranças humanas (compreender para controlar).

Para sabermos tudo, precisamos passar por um não--saber... Não há verdadeira crença humana e espiritual sem a passagem por momentos em que a inteligência é dolorosamente humilhada.

Também é importante ter em conta que o pensamento e a reflexão podem nos aproximar de Deus, constituir um caminho até Ele, mas não podem nos dar Deus em Pessoa. Pensar num objeto supõe mantê-lo à distância para que se possa dominá-lo, e isso não é possível com Deus. Não é possível «pensar» Deus, fazer dEle um objeto. São a fé, o amor e a adoração que nos põem em contato com Deus. Muitas vezes a vida espiritual é excessivamente intelectualizada no Ocidente.

Podemos tirar uma consideração final de tudo o que acabamos de ver: a sensibilidade e a inteligência são faculdades valiosas e úteis, mas não podem ser o fundamento do nosso relacionamento com Deus nem da nossa vida de oração. O único fundamento deve ser a fé. Quando a sensibilidade estiver árida ou a inteligência cega, a fé deve nos bastar para seguir em frente. A fé é livre. Ela sabe se alimentar daquilo que toca a sensibilidade e ilumina a inteligência, mas também sabe passar sem isso.

* * *

No fim das contas, essas considerações têm uma consequência prática extremamente consoladora. A nossa vida de oração passa por momentos de tremenda pobreza. Apesar da nossa boa vontade, dos nossos esforços, permanecemos áridos, frios, sem sentir nada, sem compreender nada, sem nenhuma luz... Nesses momentos, tendemos a desanimar e pensar que estamos muito longe de Deus. Sentimos inveja daqueles que experimentam emoções delicadas e pensamentos profundos, sentimo-nos uns «zeros à esquerda» em comparação com os santos, com os fervores e as graças místicas relatados nas suas biografias. Consideramo-nos distantes de Deus por carecermos de fervores sensíveis e luzes a seu respeito.

Se esse é o seu caso, caro leitor, tenho que lembrá-lo do que já dissemos antes: pouco importa o que você sente ou deixa de sentir e o que você entende e deixa de entender. Se a sensibilidade ou a inteligência não lhe dão Deus, a fé dará. Basta fazer um ato de fé humilde e sincero para entrar em contato com Deus de maneira imediata e certa. A fé, e apenas ela, estabelece um contato real com a presença viva de Deus. Quando tudo falta, a fé basta. Se avançarmos com coragem nessa direção, acabaremos por experimentar essa verdade e teremos a certeza de que recebemos verdadeiramente aquilo que pedimos nos nossos atos de fé. *Seja-te feito conforme a tua fé*, Jesus diz-nos no Evangelho (Mt 8, 13).

Uma observação importante: durante as inevitáveis provações, não devemos reduzir ou mesmo suprimir o papel da sensibilidade e da inteligência na vida de fé, mas colocá-lo no seu devido lugar. As faculdades humanas conhecem momentos de «crise» dolorosa ao longo do nosso itinerário espiritual, não para que sejam destruídas, mas para que sejam purificadas e refinadas a fim de que o seu exercício não constitua um obstáculo à nossa união com Deus. Elas devem passar por trevas para se acostumar a uma percepção nova e mais profunda de Deus e da sua sabedoria. São empobrecidas para logo serem enriquecidas.

7. Tocar Deus

É possível fazer uma analogia interessante entre o papel da fé na vida espiritual e o do tato na vida sensível. O tato é o primeiro dos nossos cinco sentidos a se desenvolver, ainda no seio materno, e é a origem dos demais. Não tem a riqueza dos outros, como a visão (com toda a diversidade de imagens e cores que podemos contemplar) ou a audição (com a variedade de sons, timbres e melodias). Mesmo assim, o tato é o mais primordial e o mais essencial à vida e à comunicação. Além disso, possui uma vantagem que os outros sentidos não possuem: a reciprocidade. Com efeito, ninguém pode tocar um objeto sem ser ao mesmo tempo tocado por ele, ao passo que é possível ver sem ser visto e ouvir sem ser ouvido. O contato criado pelo tato é mais íntimo e imediato do que o que os outros sentidos oferecem. É o sentido da comunhão por excelência.

De maneira análoga, a fé é caracterizada por uma certa pobreza (crer não é necessariamente ver, nem compreender, nem sentir), mas é o que há de mais vital para a vida da alma. Pela fé, podemos – de maneira misteriosa mas real – «tocar Deus» e nos deixar tocar por Ele, pôr-nos em comunhão íntima com Ele e sermos aos poucos transformados pela sua graça.

A fé praticada na oração permite-nos conhecer a Deus, de maneira obscura e misteriosa, além de todo entendimento humano. A fé não satisfaz todas as nossas curiosidades. Ela com certeza dá sentido à nossa vida, mas não responde obrigatoriamente a todas as nossas perguntas. Contudo – e paradoxalmente –, o conhecimento de Deus vindo da fé acende o fogo do nosso amor mais do que um conhecimento claro e distinto obtido pela inteligência. São João da Cruz usa uma bela expressão a esse respeito: «a fé, na qual amamos a Deus sem O compreender»[8].

8. A fé que abre todas as portas

A fé é algo maravilhoso, e mesmo assim nem sempre temos em conta a sua importância e a sua força. Ela é uma realidade humilde, com frequência oculta, uma disposição secreta do coração e da vontade, uma simples adesão à palavra e às promessas de Deus numa atitude de submissão e confiança. No entanto, é esse ato humilde, e apenas ele, que nos garante aos poucos o acesso a toda a riqueza do mistério de Deus. Por isso Jesus nos Evangelhos insiste tanto na importância e na força da fé. Todas as nossas faltas têm a sua origem, de uma maneira ou de outra, numa falta de fé, de modo que não há nada mais urgente nem mais fecundo que aumentar a própria fé.

Para concluir esse tema, eis um belo texto de São Luís Maria Grignion de Montfort. No seu *Tratado da Verdadeira Devoção à Santíssima Virgem Maria*, ele propõe a consagração a Nossa Senhora como caminho eficaz de santidade baseado na seguinte intuição: se nos entregarmos inteiramente a Maria, ela se entregará intei-

---

(8) *Cântico espiritual,* prólogo.

ramente a nós[9] e partilhará conosco as graças que recebeu do Todo-Poderoso, em particular a sua fé. Sabemos como o Concílio Vaticano II enfatizou a importância da fé da Virgem. Eis como São Luís descreve essa fé de que partilharemos por sermos filhos de Maria e que é comparada a uma chave misteriosa que abre todas as portas:

A Santíssima Virgem far-te-á participar da sua fé, que foi a maior que já houve na Terra, maior até que a dos Patriarcas, Profetas, Apóstolos e todos os Santos. [...] Uma fé pura, que fará com que não te preocupes mais com o que é sensível e extraordinário. Uma fé viva e animada de caridade, que te levará a fazer tudo unicamente movido por Puro Amor. Uma fé firme e inquebrantável como um rochedo, que te fará permanecer constante e firme no meio das tempestades e tormentas. Uma fé ativa e penetrante que, como uma chave misteriosa ou gazua, te dará entrada em todos os mistérios de Jesus Cristo, nos novíssimos do homem, e no Coração do próprio Deus. Uma fé corajosa que, sem hesitações, te fará empreender e levar a cabo grandes coisas pela causa de Deus e salvação das almas. Uma fé reluzente, enfim, que será o teu archote luminoso, a tua vida divina, o teu tesouro

---

(9) «Por isso, quando [Maria] vê que alguém se lhe dá totalmente para a honrar e servir, despojando-se do que tem de mais querido para a amar, dá-se também, inteiramente e duma maneira inefável, a quem tudo lhe deu». *Tratado da verdadeira devoção à Santíssima Virgem Maria*, n. 144.

escondido da divina Sabedoria, a tua arma onipotente de que te servirás para iluminar os que estão nas trevas e sombras da morte, para abrasar os que são tíbios e precisam do ouro ardente da caridade, para dar vida aos que morreram pelo pecado, para tocar e prostrar, com as tuas palavras doces e poderosas, os corações de mármore e os cedros do Líbano e, finalmente, para resistir ao demônio e a todos os inimigos da salvação[10].

9. Oração e Esperança

Depois de termos falado da fé como fundamento da oração, passemos agora ao papel igualmente essencial da esperança.

Rezar é um ato de esperança: é reconhecer que temos necessidade de Deus, que não podemos enfrentar sozinhos os desafios da vida, que contamos mais com Deus do que com os recursos e talentos próprios, e que esperamos com confiança receber dEle aquilo que nos é necessário. Na oração, expressamos a nossa esperança e, por conseguinte, a aprofundamos e fortalecemos. Vamos desenvolver essa ideia, o que nos levará aos temas da humildade e da pobreza espiritual, indissociáveis da virtude da esperança.

O ato de esperança consiste fundamentalmente na seguinte atitude: eu me reconheço pequeno e pobre diante

---

(10) *Ibidem*, n. 214.

de Deus, mas espero tudo dEle com plena confiança. Minha pobreza não é um problema, mas uma oportunidade.

A vida de oração nos conduz necessariamente a uma experiência de pobreza, talvez muito dolorosa, mas que não devemos temer, pois no final ela se revela extremamente benéfica.

Vamos partir da nossa vivência. Quando decido fazer meia ou uma hora de oração pessoal silenciosa, a sós numa sala ou numa igreja, posso até passar momentos belos e doces, em que gozo de uma paz e alegria mais valiosas do que qualquer coisa que o mundo possa oferecer. Só que as coisas nem sempre são assim... Esse tempo de oração pode ser um tempo difícil. Precisamente por estar só, em silêncio e fora das minhas ocupações habituais, às vezes sou confrontado por tudo aquilo que vai mal na minha vida. Vêm à tona as minhas misérias, as minhas quedas e os meus erros, a minha dificuldade de recolhimento, os remorsos do passado, as inquietações pelo futuro... A lista poderia ser enorme! Longe de experimentar o tempo de oração como um momento positivo, acabo por encará-lo como um confronto doloroso com tudo o que há de negativo na minha vida. E isso pode me levar ao desânimo, à tentação de abandonar a oração e retornar às ocupações mais gratificantes ou divertidas. De fato, é preciso admitir que muitas pessoas renunciam à oração e fogem do silêncio e da solidão por temerem esse encontro inescapável consigo próprias a que a oração obriga.

Não devemos temer essa experiência: ela é normal e até necessária. Jesus disse certa vez a São Luís, Rei da

2. AS CONDIÇÕES DA ORAÇÃO FECUNDA 61

França: «Tu gostarias de rezar como um santo, e eu te convido a rezar como um pobre!»

A oração nos põe inexoravelmente em contato com o que somos de verdade. Toda pessoa carrega suas sombras, aquele pedaço de si que às vezes é pesado demais, uma fonte de vergonha, de culpa, de inquietação: limitações, fragilidades psicológicas, feridas afetivas, cumplicidades com o mal, covardias, quedas diversas, etc. A oração nos aproxima cada vez mais da luz de Deus, e esta nos revela as nossas imperfeições e pecados, assim como o raio de sol que invade a janela de um quarto escuro e põe em evidência até a menor partícula de pó suspensa no ar.

Evidentemente, não é só a oração que é uma experiência de pobreza: é a nossa vida inteira, com as situações difíceis que nos fazem descobrir os nossos limites, as nossas fraquezas, feridas e pecados. Mas a oração intensifica a nossa consciência disso e nos obriga a enfrentá-lo sem escapatória.

O que fazer então? Sobretudo, não entrar em pânico: *Os sãos não precisam de médico, mas os enfermos; não vim chamar os justos, mas os pecadores,* diz-nos Jesus (Mc 2, 17).

O caminho da nossa salvação consiste em duas atitudes: a humildade e a esperança. Por um lado, precisamos aceitar plenamente aquilo que somos, acolher a revelação cruel dos nossos limites e faltas. Por outro, devemos aproveitar-nos disso para aprender a colocar toda a nossa confiança e esperança somente em Deus, e não nas nossas qualidades e boas ações.

Todo o que se exaltar será humilhado, e quem se humi-

lhar será exaltado (Lc 18, 14). Com essas palavras, o Evangelho nos convida a reconhecer e aceitar plenamente a nossa miséria, por mais profunda e inquietante que seja, e a jogar-nos nos braços de Deus com uma confiança cega na sua misericórdia e no seu poder. Devemos aceitar-nos como radicalmente pobres e transformar essa pobreza em clamor, em espera, em esperança invencível. Deus virá em nosso socorro: *Vede, este miserável clamou e o Senhor o ouviu, de todas as angústias o livrou* (Sl 33, 7); *Porque ele não rejeitou nem desprezou a miséria do infeliz, nem dele desviou a sua face, mas o ouviu, quando lhe suplicava* (Sl 22, 25).

Deus escuta somente a oração do pobre. Não a do fariseu – satisfeito consigo mesmo e com as suas boas ações, que agradece a Deus por ser melhor do que os outros –, mas do publicano, que se mantém a distância e bate no peito dizendo: *Ó Deus, tem piedade de mim, que sou pecador!* (Lc 18, 13). A oração que chega aos céus, que toca o coração de Deus e obtém a sua graça, é aquela que brota do fundo da nossa miséria e do nosso pecado: *Do fundo do abismo, clamo a vós, Senhor; Senhor, ouvi minha oração* (Sl 129, 1-2).

10. A força da humildade

A experiência dolorosa da nossa pobreza radical deve nos impulsionar na direção da humildade e da esperança, que no fundo são indissociáveis. A humildade consiste em reconhecer que tudo aquilo que somos e que pos-

2. AS CONDIÇÕES DA ORAÇÃO FECUNDA

suímos é um dom totalmente gratuito do amor de Deus, que não podemos gabar-nos de nada: *Que é que possuis que não tenhas recebido?*, pergunta São Paulo (1 Cor 4, 7). A humildade também consiste em aceitar tranquilamente as nossas limitações e fraquezas: «Amar a minha pequenez e a minha pobreza», segundo a expressão de Santa Teresa de Lisieux[11].

É vital que compreendamos a força prodigiosa da humildade e da esperança. São Paulo diz: *A esperança não engana* (Rom 5, 5). São João da Cruz afirma: «A alma alcança de Deus tanto quanto espera»[12]. São as palavras mais consoladoras que podemos ouvir: pela esperança podemos, com toda a certeza, obter tudo de Deus. A nossa pobreza radical faz-nos esperar tudo de Deus com plena confiança. E Ele nos dará, não segundo as nossas virtudes, qualidades, méritos e boas obras, mas *segundo a nossa esperança*. O mesmo vale para a humildade: *Deus resiste aos soberbos, mas dá a sua graça aos humildes* (1 Pe 5, 5); *Porque o Senhor ama o seu povo, e dá aos humildes a honra da vitória* (Sl 148, 9). A humildade tem um poder absoluto sobre o coração de Deus e obtém a plenitude da sua graça. Unida à esperança, ela «obriga», por assim dizer, Deus a ocupar-se de nós.

Se conhecêssemos de verdade a força da humildade, contaríamos tudo aquilo que nos torna humildes entre os nossos maiores tesouros: as nossas misérias, incapacidades e quedas. «Quanto mais a alma estiver aflita, espoliada e profundamente humilhada, mais ela conquista,

---

(11) Carta 197.
(12) *Noite escura*, livro 2, capítulo 21.

64 JACQUES PHILIPPE

com a pureza, o favor dos céus. A altura a que ela é elevada se mede pela profundidade do abismo onde estão as suas raízes e fundações»[13], diz Santa Ângela de Foligno. Se nós queremos subir muito alto, precisamos antes descer muito baixo! Santa Teresa de Ávila o exprime da seguinte maneira: «Tenho por maior mercê do Senhor um dia de próprio e humilde conhecimento, mesmo comprado por numerosos trabalhos e aflições, do que muitos dias de oração»[14]. E, em outra passagem, diz: «todo este edifício da oração vai fundado em humildade e, quanto mais se abaixa uma alma na oração, mais a levanta Deus»[15].

Li recentemente textos de uma monja francesa do século XVII, Catherine de Bar, fundadora de dez mosteiros das Beneditinas do Santíssimo Sacramento. Ela fala belamente do poder que a humildade tem de alcançar as graças de Deus:

> Não sabemos ou não queremos saber o segredo para arrebatar o coração de Deus. Rebaixai e desprezai a vós mesmas[16], não por palavras, mas de verdade. Se

---

(13) Angèle de Foligno, *Le livre des visions et instructions*, Éditions du Seuil, Paris, 1991, pág. 63.

(14) *Livro das fundações*, capítulo 5.

(15) *Livro da vida*, capítulo 22.

(16) Esse «desprezar-se a si mesmo» deve ser bem compreendido, sobretudo nos dias de hoje em que muitas pessoas, por motivos psicológicos, apresentam uma tendência a desprezar-se, desvalorizar-se e até a odiar-se. Isso não tem nada a ver com a humildade evangélica, que consiste antes em aceitar-se pobre, em reconhecer a própria fraqueza. «Desprezar-se» aqui significa: reconhecer a própria pobreza radical, mas a aceitar com paz, numa confiança total em Deus.

2. AS CONDIÇÕES DA ORAÇÃO FECUNDA

fizerdes o que vos digo, o céu inteiro se derramará em vosso interior e vós transbordareis de graças suficientes para converter o mundo inteiro. Só se conhece e experimenta Deus *humildemente*[17]. [...]

Todos querem ser alguma coisa – ou perante as outras criaturas, ou perante Deus –, e não há no mundo nada mais raro do que encontrar uma pessoa que se contente em ser nada em tudo a fim de que Deus seja tudo nela. Tudo é em Deus, e Deus é para si mesmo. Essa é a minha distinção e a minha única alegria, e nada a pode interromper, nem mesmo as minhas imperfeições e pecados. Não esperai nada de vós, mas tudo de Nosso Senhor Jesus Cristo[18].

A pequena Teresa de Lisieux também fala de como a humildade atrai a graça de Deus:

Ah! fiquemos muito longe de tudo o que brilha, amemos nossa pequenez, gostemos de nada sentir; então, seremos pobres de espírito e Jesus virá buscar-nos, por mais longe que estejamos. Ele nos transformará em chamas de amor![19]

É a nossa falta de humildade, e somente ela, que impede Deus de nos cumular do que gostaria e poderia,

---

(17) Catherine de Bar, *Adorer et adhérer*, Éditions du Cerf, Paris, 1994, pág. 112.
(18) *Ibidem*, pág. 116.
(19) Carta 197.

JACQUES PHILIPPE

pois essa falta nos faz considerar como próprio os presentes gratuitos da misericórdia dEle.

Deus não exige mais do que nos preencher de si mesmo e das suas graças, mas nos encontra cheios de orgulho e estima por nós próprios e isso o impede de comunicar-se. Pois a alma que não está assentada na verdadeira humildade e desprezo de si é incapaz de receber os dons de Deus. O seu amor próprio os devoraria, e Deus é obrigado a deixá-la com as suas pobrezas, trevas e esterilidades para convencê-la do seu nada, tamanha é a importância dessa disposição de humildade[20].

A humildade não se impõe; só pode ser fruto de um confronto doloroso com as próprias fraquezas e pobrezas, do desprendimento de todas as pretensões humanas, de todas as reivindicações do «ego». «A humildade não consiste em ter pensamentos humildes, mas em suportar o peso da verdade, que é o abismo da nossa extrema miséria, quando apraz a Deus que o sintamos»[21].

Essas palavras têm um tom austero, mas escondem um mistério muito doce. Uma das experiências mais estranhas e mais belas da vida espiritual é: quando nos sentimos como que esmagados pela nossa miséria, mas a reconhecemos e aceitamos plenamente; quando consentimos em «habitar no nosso nada» – por assim dizer – e não sair dele (pois essa é a verdade da nossa condição),

---

(20) Catherine de Bar, *op. cit.*, pág. 113.
(21) *Ibidem*, pág. 111.

Deus nos visita com uma consolação terna e sentimos claramente que todas as riquezas do seu amor e da sua misericórdia nos pertencem. A nossa pobreza nos faz infinitamente ricos: *Bem-aventurados os que têm um coração de pobre, porque deles é o Reino dos céus!* (Mt 5, 3) Teresa de Lisieux diz que «não há alegria comparável à daquele que é verdadeiramente pobre em espírito» [22].

Para concluir esse ponto, fiquemos com as belíssimas palavras de um cartuxo (num texto a respeito da oração do coração) sobre o sentido profundo e positivo dessa experiência de pobreza e fraqueza inerente à vida espiritual. Ela é o fundamento do verdadeiro amor.

Mesmo na ordem natural, todo amor autêntico é uma vitória da fraqueza. Amar não consiste em dominar, possuir ou impor-nos a quem amamos. Amar significa acolher sem reservas o outro que vem a nós; em contrapartida, temos a certeza de sermos plenamente acolhidos pelo outro sem sermos julgados, condenados ou comparados. Não há provas de força entre dois seres que se amam. Há uma espécie de inteligência mútua pelo interior, e graças a ela nenhum dos dois teme que algum perigo possa vir do outro. Essa experiência, ainda que permaneça sempre imperfeita, já é bem convincente. A partir do momento em que começamos a crer verdadeiramente e de coração na ternura infinita do Pai, nos sentimos como que obrigados a aprofundar cada vez mais numa aceitação

---

(22) Manuscrito C, 16 v.

68 JACQUES PHILIPPE

positiva e alegre de um não-ter, não-saber, não-poder. Não há nisso qualquer auto-humilhação prejudicial. Apenas penetraremos no mundo do amor e da confiança[23].

11. Aprofundar em si mesmo

Para expressar melhor tudo o que acabo de dizer e dar a entender aquilo que se experimenta – como sofrimento e felicidade ao mesmo tempo – quando se persevera na oração, eu gostaria de me valer de uma imagem.

Quem persevera na oração dia após dia é como um homem que compra uma velha casa no campo e encontra um poço no seu jardim. Esse poço já não é usado talvez há uns cem anos e está bloqueado. O homem então pensa consigo mesmo que seria bom colocar o poço em condições de uso mais uma vez. Assim, desce até o fundo e começa a cavar. A tarefa não é muito agradável no começo: ele encontra folhas mortas, pedras, lama, todo tipo de detrito, alguns bem asquerosos. Mas ele não desiste e continua o penoso trabalho. No final, acaba por descobrir no fundo do poço água límpida e pura, a mais refrescante que já provou.

O mesmo vale para nós: a fidelidade à oração nos obriga a um encontro penoso com o que habita nosso coração. Descobrimos muitas coisas pesadas, grossas e sujas. Mas chega o dia em que mais ao fundo – além das nossas feridas psíquicas, além dos nossos pecados e man-

(23) *Paroles de Chartreux*, Cerf, Paris, 1987, pág. 99.

chas – atingimos uma fonte bela e pura, a presença de Deus no fundo do nosso coração. NEle toda a nossa pessoa pode purificar-se e renovar-se. *Quem crê em mim, do seu interior manarão rios de água viva* (Jo 7, 38). O homem não se purifica a partir de fora, mas de dentro. Não por um esforço moral, mas descobrindo dentro de si uma Presença e deixando-a agir livremente.

Pela fidelidade à oração, encontramos em nós um espaço de pureza, de paz, de liberdade, a presença de Deus, mais íntimo de nós do que nós mesmos. O centro da alma é Deus, diz São João da Cruz. Precisamos aprender pouco a pouco a viver a partir desse centro, e não a partir da nossa periferia psíquica ferida: medos, amarguras, agressividade, concupiscências, etc.

A interiorização, que é fruto da oração, é bem mais que uma questão de simples recolhimento: é a descoberta e a união com uma Presença íntima que se torna nossa vida e fonte de todos os nossos pensamentos e ações. Voltaremos a esse assunto mais adiante.

12. A oração, ato de amor

Depois de termos falado da oração como ato de fé e como ato de esperança, vamos abordar a terceira virtude teologal, que também é fundamento da vida de oração: o amor.

A oração é um espaço privilegiado para exercer, aprofundar e purificar o amor. É uma escola maravilhosa e eficaz de amor. É uma escola de paciência, fidelidade, humildade e confiança: atitudes que expressam o amor de maneira mais autêntica e verdadeira. É uma escola de amor a Deus e ao próximo, bem como (o que não é coisa de pouca importância) uma escola de caridade para consigo próprio.

E qual o lugar do amor na vida de oração? Podemos afirmar que o amor é a meta da oração, mas que também é, com a fé e a esperança, o seu principal meio. Isso pode soar paradoxal, mas muitas coisas são assim no dinamismo próprio da vida espiritual. Os movimentos da alma são circulares, diz Pseudo-Dionísio, um autor grego do século VI.

Santa Teresa de Ávila insiste nesse ponto nos seus ensinamentos sobre a oração: não se trata de pensar muito, mas de amar muito. Felizmente, diz ela, embora nem todas as almas sejam dotadas de uma grande imaginação, todas são dotadas de uma capacidade para amar.

A oração é um ato de amor a Deus. Rezar é acolher com confiança o amor de Deus. Para começar, rezar não é fazer algo por Deus, mas receber o amor dEle, deixar-se amar por Ele. Custa-nos viver isso: não cremos o bastante nesse amor; muitas vezes nos sentimos indignos dele; e centramo-nos mais em nós mesmos do que nEle. Com o nosso orgulho sutil, procuramos fazer coisas belas por Deus em vez de cuidar primeiro do que Deus quer fazer por nós gratuitamente. O essencial é colocar-nos na presença de Deus, pequenos e pobres, mas abertos e receptivos ao seu amor. Permitir que Ele nos ame, por assim dizer, em vez de agir por iniciativa própria. A atividade que mais conta na oração não é a nossa, mas a de Deus. A nós cabe apenas receber! A definição que Santa Teresa de Ávila dá de oração – «tratar de amizade com

2. AS CONDIÇÕES DA ORAÇÃO FECUNDA 71

quem sabemos que nos ama»[24] – deixa bem clara a precedência do amor que Deus tem por nós, e não do nosso por Ele. «O mérito não consiste em fazer nem em dar muito, mas antes em receber e amar muito»[25], diz Teresa de Lisieux.

Numa passagem da sua autobiografia, essa santa carmelita, que tinha o defeito de adormecer com frequência durante a oração (não por má vontade, mas por uma fraqueza da sua juventude e falta de sono), diz:

> Estou verdadeiramente longe de ser santa, e isto já é uma prova: em vez de me alegrar da minha aridez, deveria atribuí-la ao meu pouco fervor e fidelidade; deveria ficar desolada por dormir (após sete anos) durante as minhas orações e ações de graças. E, bom, não fico desolada... Penso que as crianças agradam os seus pais quer durmam, quer estejam despertas[26].

Com humor, esse texto deixa bem evidente que amar a Deus não consiste principalmente em fazer coisas por Ele (do que Ele teria necessidade?), mas em deixar-nos amar por Ele, em crer no seu amor por nós. É isso que o agrada. Nada lhe compraz mais do que a confiança dos pequenos.

Certamente é verdade que a oração também é a nossa resposta ao amor que Deus tem por nós. Orar é dar-lhe o nosso tempo, e o tempo é a nossa vida! Além disso, na

---

(24) *Livro da vida*, capítulo 8.

(25) Carta 142 à sua irmã Celina.

(26) Manuscrito A, 75 v.

oração, oferecemos nós mesmos a Deus, entregamos a Ele o nosso coração e toda a nossa vida. Para pertencermos a Ele por inteiro, fazemo-nos disponíveis à sua vontade, expressamos o nosso amor, fazemos propósitos nesse sentido, etc.

A oração é também um ato de amor ao próximo. Às vezes, de maneira explícita e consciente, quando intercedemos por ele. Mas mesmo durante uma simples oração de adoração, quando o próximo não ocupa os nossos pensamentos, vivemos um verdadeiro amor de caridade para com ele. Com efeito, a oração nos pacifica, nos suaviza, nos faz mais humildes e misericordiosos, e as pessoas que Deus põe no nosso caminho com certeza beneficiam-se disso. Eu ainda acrescentaria que o simples fato de nos voltarmos a Deus, de nos aproximar dEle na fé e no amor, faz automaticamente, por assim dizer, que as pessoas que carregamos no coração – e mesmo aqueles que, sem que saibamos, estão ligados a nós pelos fios invisíveis mas reais da *comunhão dos santos* – também se aproximem de Deus e sejam beneficiárias da nossa oração. Escutemos o que Santa Teresa de Lisieux diz a esse respeito:

Certa manhã, durante minha ação de graças, Jesus deu-me um meio simples de cumprir minha missão. Fez-me compreender a seguinte palavra dos Cânticos: *Atraí-me, corramos ao odor de vossos perfumes* (Cant 1, 4). Ó Jesus, nem é necessário dizer: atraindo-me, atraís as almas que amo. Essa simples palavra: *Atraí-me*, é suficiente. Compreendo-o, Senhor, quando uma alma se deixou cativar pelo odor inebriante dos

2. AS CONDIÇÕES DA ORAÇÃO FECUNDA

vossos perfumes, não conseguiria mais correr sozinha; todas as almas que ela ama são arrastadas por ela. Isso se dá sem coação, sem esforço; é consequência natural da sua atração por vós[27].

Às vezes tendemos a considerar a oração como um «dever». Não temos suficientemente em conta que ela é uma oportunidade: ela nos permite estar unidos de maneira certa a todas as pessoas, nas suas necessidades e nos seus sofrimentos. Trata-se de um grande reconforto: o maior sofrimento na vida (os pais sabem bem...) é não poder ajudar alguém que se ama. Humanamente, vemo--nos às vezes completamente impotentes e desarmados para socorrer as pessoas que amamos. Felizmente, ainda temos a oração! Que presente de Deus!

A oração é, enfim, um ato de amor a si mesmo. Amar traz-nos o maior dos benefícios. Dá-nos o bem mais essencial, que é Deus em pessoa e tudo o que encontramos nEle: confiança, paz, luz, força, crescimento... Como já vimos anteriormente, a oração é uma escola de reconciliação consigo mesmo, de aceitação da própria fraqueza. Ela nos leva aos poucos a descobrir a nossa verdadeira identidade, a graça de sermos filhos de Deus. Existe um amor-próprio mau, feito de egoísmo, orgulho, narcisismo, mas há também um amor-próprio bom e necessário, que nos leva a buscar o bem para a nossa alma. A oração é uma das fontes primordiais desse justo amor de si mesmo.

---

(27) Manuscrito C, 3 r.

Embora o assunto seja fundamental, não falarei mais sobre a oração como exercício de amor e, por conseguinte, como lugar de crescimento no amor de Deus, do próximo e de si mesmo. Vou simplesmente concluir com uma citação da carta da Irmã Maria da Trindade a uma das suas noviças. O trecho destaca o primado que o amor deve ter sobre o pensamento na vida de oração. É bom repetir, pois no Ocidente somos marcados por um certo intelectualismo que tem a tendência de confundir a vida espiritual com a atividade do pensamento. Antecipo assim um pouco do capítulo seguinte, que trata dos métodos de fazer oração.

Tudo consiste, pois, em ir ao Senhor, e é sobretudo pela oração que o fazemos, que nos aproximamos para estar com Aquele que está em nós.

De manhã, enquanto pensava em ti, pareceu-me que seria bom que te aplicasses sobretudo a uma oração cheia de amor, de maneira que nela te ocupes mais de Nosso Senhor pela afeição da vontade do que pela longa meditação. Com efeito, nosso espírito é tão volúvel que, no instante em que o cremos fixado, logo escapa para Deus sabe onde!... O nosso amor é completamente distinto: quando se manifesta, quando deseja, quando busca, não tem em vista senão aquilo que ama, e quanto mais observa aquilo que ama, mais inflama-se e fixa-se nele, desprezando todo o resto. Para compreender algum assunto, o espírito precisa recorrer a bastantes ideias, arrazoados, etc. Mas o amor faz todo o contrário e deixa tudo de lado pelo que ama, e quando o encontra, permanece como que mergulhado nele, dando-se e abandonando-se por inteiro e como num ato só.

É necessário no começo da nossa oração acender o nosso amor: mistério da fé, promessa de Jesus Cristo, exemplos e virtudes do Filho bem-amado do Pai; mas assim que a alma se sinta na dependência de Deus, que trate de amá-lO de acordo com o que vê nEle: o amor lhe desvelará novos esplendores.

A oração deve referir-se inteiramente ao amor que é toda a sua perfeição; deve ter por efeito fixar-nos em Deus – não sensivelmente, mas pela vontade –, fazer-nos afastar tudo aquilo que O contrista em nós e tornar-nos cada vez mais fiéis, com cada vez mais amor, à sua santíssima e amabilíssima vontade[28].

13. Conclusão sobre as virtudes teologais na oração

Acabamos de ver como o exercício da fé, da esperança e do amor são a base da vida de oração. Quanto mais firme seja a nossa fé, mais confiante a nossa esperança, mais forte o nosso desejo de amar, mais a oração nos unirá a Deus e produzirá fruto. Não temos necessidade de outra coisa. Esse exercício da fé, da esperança e do amor na oração pode ser levado a cabo das mais diversas maneiras, como veremos adiante. Contudo, estejamos atentos para nos centrarmos nisso e não nos apegar a co-

---

(28) Christiane Sanson, *Marie de la Trinité, de l'angoisse à la paix*, Éditions du Cerf, Paris, 2005, págs. 83-84.

isas secundárias, a complicações inúteis. Ainda que não sintamos nada de especial, ainda que a imaginação e a inteligência estejam vazias ou um pouco distraídas, uma vez que nos ponhamos diante de Deus com essas disposições no coração, talvez reduzidas apenas a uma simples atitude de confiança amorosa, a nossa oração será fecunda. Deus se comunicará conosco em segredo, independentemente de toda percepção sensível e de toda luz intelectual, e depositará no nosso coração tesouros de que aos poucos ganharemos consciência. Talvez a nossa oração saia muito árida e pobre, mas ainda assim, se formos fiéis, Deus nos instruirá secretamente, sem o percebermos. E, no momento de agir, quando se trata de fazer uma escolha, de aconselhar alguém, recebemos uma luz imediata. Foi o que experimentou Teresa de Lisieux, como testemunha neste texto:

> Jesus não precisa de livros nem de doutores para instruir as almas. Ele é o Doutor dos doutores, ensina sem o ruído de palavras... Nunca o ouvi falar, mas, a cada momento, sinto que está em mim. Guia-me, inspira o que devo dizer ou fazer. Bem no momento em que preciso, descubro luzes que nunca tinha visto antes; na maioria das vezes, não é durante as minhas orações que elas surgem mais abundantes, é no meio das ocupações diárias[29].

---

(29) Manuscrito A, 83 v.

CAPÍTULO 3

A presença de Deus

«Senhor, meu Deus, Tu não és estranho a quem não se esquiva de Ti. Por que dizem, então, que Tu te ausentas?»[1]

São João da Cruz

Orar é acolher uma presença. Assim, é útil meditar sobre os diferentes modos pelos quais Deus se faz presente a nós. Ele o faz, com efeito, de diversas maneiras: na Criação, na Palavra transmitida pela Escritura, no mistério de Cristo, na Eucaristia, habitando no nosso coração, etc. Essas diferentes modalidades da presença de Deus não são da mesma natureza, é preciso distingui-las; não se pode pô-las todas no mesmo plano. Não obstante, todas têm a sua importância e podem orientar a nossa maneira de rezar. Vamos agora nos ocupar disso.

Definamos uma coisa. Onde quer que Deus esteja presente, Ele está ao mesmo tempo escondido. Seja na

---

(1) *Ditos de luz e amor*, n. 49.

natureza, na Eucaristia, no fundo de nossa alma, Deus está realmente presente, mas com uma presença que não é acessível pelos meios habituais da percepção humana. Nenhuma observação, nenhuma psicanálise, nenhuma experimentação científica, nenhum microscópio ou *scanner* pode detectar em nenhuma parte a presença divina. O único «instrumento», se posso dizer assim, que pode conferir acesso a essa presença, revelá-la, é aquele sobre o qual falamos longamente no capítulo precedente: «a fé embebida de amor», para retomar uma expressão da Irmã Maria da Trindade.

Deus está intimamente presente em todas as realidades. Ele não deseja mais do que se revelar, mas Ele é um Deus escondido. *Na verdade, tu és um Deus que se esconde, Deus de Israel, Salvador* (Is 45, 15). O único meio de levá-lO a sair do seu esconderijo é a busca amorosa. A fé e o amor O «desentocam» quando todos os outros meios são ineficazes. Deus não pode ser encontrado e possuído senão pela fé e pelo amor, pois Ele não quer se unir a nós de outro modo que não num encontro amoroso. Pela sua própria natureza, o amor não pode ser objeto de prova material ou científica; é objeto de confiança. Por vezes queremos que a presença de Deus seja mais visível, mais convincente, que possamos demonstrá-la de maneira irrefutável, de maneira que todos os descrentes sejam confundidos, mas isso não é possível no caminhar deste mundo. Não poderia ser diferente; de outro modo Deus deixaria de ser um Deus mendicante do nosso amor e respeitoso da nossa liberdade. Deus não quer que estejamos ligados a Ele por outros laços que não o do amor. Deus se revela a nós, não por manifestações ou provas constringentes, mas por sinais com frequência discretos, por indícios, por chamados, suscitando de nossa parte uma livre adesão de fé. Não somos nunca dispensados de um ato de fé para chegar à presença divina.

Mas, a partir do momento em que os olhos da fé se abrem, em que se faz um ato de fé sincero, toda a realidade da sua presença e a riqueza do seu amor tornam-se acessíveis.

Eu gostaria agora, sem a pretensão de esgotar o tema, de evocar certos aspectos da presença de Deus importantes para orientar a nossa vida de oração.

1. Presença de Deus na natureza

A primeira palavra de Deus é a sua criação. Ele exprime sua bondade, sua potência, sua sabedoria por meio do mundo que nos rodeia. São João da Cruz levava com frequência os seus noviços para rezar na natureza. O padre Aleksandr Mien dizia (e é uma fala forte vinda de um ortodoxo russo) que uma folha de árvore vale mais que mil ícones. Ela sai diretamente da mão do Criador, por assim dizer. Quando criança, João de Kronstadt (considerado santo pela Igreja ortodoxa russa), que amava muito a natureza, parava por vezes diante de uma flor murmurando: «Eis Deus!»[2] Não se trata evidentemente de cair num panteísmo (Deus e sua criação são bem distintos) nem numa sacralização da natureza, mas de reco-

---

(2) João de Kronstadt, *Ma vie en Christ*, Éditions de Bellefontaine, Bégrolles-en-Mauges, 1997, pág. 11.

80 JACQUES PHILIPPE

nhecer nela o sinal do amor divino. É tocante ver o quanto todos os santos se maravilharam ante a beleza do mundo e como souberam perceber o amor e a sabedoria de Deus nas coisas criadas. Conhecemos o *Cântico das criaturas* do irmão Francisco e os poemas místicos de São João da Cruz, que, contemplando a natureza, veem nela traços da divina beleza.

> Ó bosques e espessuras,
> Plantados pela mão de meu Amado!
> Ó prado de verduras,
> De flores esmaltado,
> Dizei-me se por vós Ele há passado!
>
> Mil graças derramando,
> Passou por estes soutos com presteza,
> E, enquanto os ia olhando,
> Só com sua figura
> A todos revestiu de formosura[3].

O homem contemporâneo se vê com frequência alijado da natureza; o mundo no qual ele vive se reduz a um universo de asfalto, de concreto e de telas de todos os tipos. Prisioneiro de um mundo fabricado, virtual, projeção de seus fantasmas, ao invés de estar em contato com a criação. Ele se vê por vezes alijado de Deus (e de si mesmo) em razão disso.

O Salmo 18 nos diz: *Os céus cantam a glória de Deus.* Desde os tempos bíblicos, os crentes sempre contemplaram na beleza da criação um reflexo da glória de Deus. O

---

(3) São João da Cruz, *Cântico espiritual*, estrofes 4 e 5.

racionalismo moderno nos tornou incapazes disso. É uma pena, porque com o desenvolvimento dos conhecimentos científicos, temos mil vezes mais razões que o homem da Bíblia ou o da Idade Média para nos maravilharmos ante a sabedoria e o poder de Deus. As imagens das galáxias distantes enviadas pelo telescópio Hubble, as visões do mundo submarino, os conhecimentos estupefacientes de que dispomos a propósito do código genético, do Big Bang e da estrutura do átomo, dão ao crente motivos para se maravilhar, sabendo que tudo isso não é produto do acaso e da necessidade, mas fruto de um amor criador. Sobretudo quando se está convencido, como Grignion de Montfort, que Deus emprega mais poder e sabedoria para conduzir uma só alma à salvação do que o quanto usou para criar o universo inteiro[4].

Há alguns anos eu estava para tomar um avião para o Líbano a fim de pregar um retiro. Como não tinha o que ler, comprei no aeroporto um livro de Hubert Reeves: *Últimas notícias do Cosmos*. Tenho formação científica, mas desde a minha entrada na Comunidade não tive mais tempo para me informar sobre os últimos desenvolvimentos das pesquisas em cosmologia. O livro foi escrito por um astrofísico agnóstico, mas que fala com muito entusiasmo daquilo que a ciência do século XX descobriu sobre a origem e a evolução do universo. Devo dizer que esse livro me fez mais bem do que dez obras de espiritualidade! Aprende-se coisas extraordinárias, como o fato de que o universo atual, estendido por milhões de

---

(4) Cf. o início de *O segredo de Maria*.

anos-luz, esteve concentrado na ponta de uma agulha nas suas origens; ou que o nosso corpo é feito de átomos forjados nas estrelas que explodiram no fim da vida há alguns milhões de anos e projetaram no cosmos a matéria que serviu em seguida para fabricar a Terra e os seus habitantes. Ao descobrir tudo isso, disse a mim mesmo que tenho muito do que me orgulhar do meu Deus!

Ainda mais simples, a beleza de um pôr do sol sobre o mar, o jogo gracioso dos esquilos saltando de galho em galho, o esplendor da noite estrelada são claramente palavras que Deus dirige a nós para que tenhamos confiança e nos abandonemos sem medo à sua sabedoria. A natureza contemplada com um olhar de fé contém um grande poder de consolo e de reconforto. Passear numa bela paisagem, acolher com todos os sentidos o mundo tal qual ele se dá a nós, dar graças pela beleza da terra e do céu: tudo isso pode com frequência alimentar nossa oração. Saibamos tirar proveito! O contato com a natureza pode se tornar facilmente o acolhimento da presença sábia e amorosa de Deus na nossa vida e alimentar o nosso amor e a nossa confiança.

2. Deus se dá na humanidade de Cristo

Na economia própria ao cristianismo, o meio essencial pelo qual Deus se faz presente aos homens é a humanidade de Cristo. *Nele habita corporalmente toda a plenitude da divindade* (Col 2, 9). É pela Encarnação do seu Filho que Deus se fez, do modo mais forte, o Emanuel, o Deus conosco.

3. A PRESENÇA DE DEUS

Tudo aquilo que nos põe, de um modo ou de outro, em contato com a humanidade de Cristo, faz com que acolhamos a presença de Deus. A humilde invocação do nome de Jesus, a contemplação dos eventos da sua vida, desde a Encarnação até a Ascensão em glória, a meditação dos seus gestos e palavras, o olhar pousado sobre um ícone ou um crucifixo, o diálogo de amizade com Jesus, que imaginamos presente ao nosso lado, como o melhor e mais fiel de nossos amigos, a adoração eucarística, a recitação do Rosário, etc. Desde os tempos evangélicos até hoje, o povo cristão, guiado pelo Espírito Santo e pela inventividade do amor, soube se apropriar da vida e da pessoa de Jesus de mil maneiras diferentes, e assim acolher o mistério de Deus. Essa convicção está na origem de muitas das diversas formas de oração e de devoção que alimentam a vida da Igreja.

A humanidade de Jesus é a porta, humilde e infelizmente ainda escondida para muitos, que nos dá acesso a toda a riqueza do mistério de Deus, a toda a profundidade da vida trinitária. Haveria uma infinidade de coisas a dizer sobre isso, e a Igreja jamais acabará de sondar todos os tesouros de luz e graças contidos em Jesus, e de se apropriar deles pela fé e pelo amor. São João da Cruz afirma que tudo o que os doutores e as santas almas descobriram como tesouros escondidos na humanidade do Verbo não são nada ante aquilo que ainda nos resta descobrir[5], pois *nele estão escondidos todos os tesouros da sabedoria e da ciência de Deus* (Col 2, 3).

---

(5) *Cântico espiritual*, canção 37.

JACQUES PHILIPPE

Tudo aquilo que nos liga a Jesus de uma maneira ou de outra, pelo corpo, pelos sentidos, pelo coração, pela inteligência e pela vontade, nos faz comungar com a presença e a vida de Deus. É uma dimensão fundamental da oração cristã.

3. Deus presente no nosso coração

Um dos aspectos da presença divina mais determinantes naquilo que diz respeito à vida de oração é a presença de Deus no nosso coração. No capítulo anterior, tivemos a ocasião de tratar um pouco disso através da imagem do «poço», mas queremos falar agora um pouco mais.

É uma verdade de fé que Deus mora em nós, com uma presença escondida porém real. *O Reino de Deus está dentro de vós*, afirma Jesus (Lc 17, 21). Paulo diz que *o Cristo habita em nossos corações pela fé* (Ef 3, 17) e que o nosso corpo é *o templo do Espírito Santo* (1 Cor 6, 19).

«Tu és um templo, não busques um lugar!», diz um monge grego da Idade Média[6].

Deus está presente em nós enquanto nosso Criador, que nos dá *a vida, o movimento e o ser* (At 17, 28), mas também enquanto presença de graça, de amor, tanto mais intensa quanto mais o amor engrandece o nosso coração. *Se alguém me ama, guardará a minha palavra e*

---

(6) Um monge do Oriente, *La prière de Jésus*, Éditions de Chevetogne, 1963, pág. 34.

meu Pai o amará, e nós viremos a ele e nele faremos nossa morada (Jo 14, 23). Através do batismo, a Trindade inteira vem habitar em nós, e a sua presença se revela e se intensifica com o crescimento da fé e do amor.

A consequência pura e simples, mas absolutamente fundamental, dessa verdade é que uma das dimensões essenciais da oração consiste no movimento de recolhimento, de interiorização, pelo qual nos retiramos para dentro de nós mesmos a fim de nos reunirmos à presença que nos habita. Essa presença não é objeto de experiência, de sensação, é antes de tudo *objeto de fé*. Mas, se afirmamos esse ato de fé e, em coerência com essa fé, fazemos o esforço de nos recolhermos com frequência dentro de nós para nos reunirmos Àquele que nos espera lá, essa fé nos conduzirá pouco a pouco a uma verdadeira experiência; verificamos que somos verdadeiramente habitados no mais íntimo de nós mesmos por uma força inesgotável de paz, de santidade, de pureza, de felicidade... O próprio Deus, com toda a plenitude da sua vida e dos seus dons.

Teresa de Ávila, que durante longos anos, antes de se tornar a grande mística que conhecemos, teve tantas dificuldades na oração, dá testemunho de como a descoberta da presença de Deus dentro de si revolucionou sua vida de oração. Eis um texto:

> Vede que Santo Agostinho diz que O buscava em muitas partes e O veio a encontrar dentro de si mesmo. Pensais que importa pouco a uma alma distraída entender esta verdade e ver que, para falar a seu Eterno Pai, não precisa ir ao Céu, nem para se consolar

com Ele é mister falar em voz alta? Por muito baixo que fale, está tão perto que nos ouvirá; nem é preciso asas para ir em busca dEle; basta pôr-se em recolhimento e olhá-lO dentro de si mesma, e não se estranhar de tão bom Hóspede; mas falar-lhe com grande humildade, como a um pai; pedir-lhe como a um pai, contar-lhe os seus trabalhos, pedir-lhe remédio para eles, entendendo que não é digna de ser sua filha[7].

E esta outra passagem:

Rir-se-ão talvez de mim, e dirão que isto está bem de ver, e terão razão; porque para mim foi isto obscuro durante algum tempo. Bem compreendia que tinha alma, mas o que merecia esta alma, e Quem estava dentro dela, não o entendia, porque eu mesma me tapava os olhos com as vaidades da vida para o não ver. Que, a meu parecer, se eu então entendesse, como agora entendo, que neste pequenino palácio da minha alma cabe tão grande Rei, não O deixaria tantas vezes só, algumas ter-me-ia ficado com Ele; mais, procuraria que não estivesse tão suja. Mas, que coisa de tanta admiração! Quem enchera mil mundos e muitos, muitos mais com a sua grandeza, encerrar-se em coisa tão pequena! É que, em verdade, como é o Senhor, traz consigo a liberdade e, como nos ama, faz-se à nossa medida. Quando uma alma começa, a fim de que ela não se alvorote vendo-se tão pequena

---

(7) *Caminho de perfeição*, capítulo 28.

3. A PRESENÇA DE DEUS

para conter em si tanta grandeza, o Senhor não se dá a conhecer até que a vá alargando pouco a pouco, conforme ao que entende ser mister para o que nela quer pôr. Por isso digo que traz consigo a liberdade, pois tem o poder de tornar grande todo este palácio. O ponto está em que lho demos como seu, com toda a determinação, e lho desembaracemos, para que possa pôr e tirar como em coisa própria. E tem razão sua Majestade; não lha neguemos[8].

Sob o risco de me estender demais, não resisto a citar um outro belo texto de São João da Cruz, que, num estilo bem diferente, exprime a mesma realidade:

O Verbo Filho de Deus, juntamente com o Pai e o Espírito Santo, está essencial e presencialmente escondido no íntimo ser da alma. Para achá-lO, deve, portanto, sair de todas as coisas segundo a inclinação e a vontade, e entrar em sumo recolhimento dentro de si mesma, considerando todas as coisas como se não existissem. Santo Agostinho assim dizia, falando com Deus nos *Solilóquios*: «Não Te achava fora, Senhor, porque mal Te buscava fora, estando Tu dentro» (*Sol.* 31). Está Deus, pois, escondido na alma, e aí O há de buscar com amor o bom contemplativo, dizendo: onde é que Te escondeste?

Eia, pois, ó alma formosíssima entre todas as criaturas, que tanto desejas saber o lugar onde está teu

---

(8) *Ibidem.*

Amado, a fim de O buscares e a Ele te unires! Já te foi dito que és tu mesma o aposento onde Ele mora, e o recôndito e esconderijo em que se oculta. Nisto tens motivo de grande contentamento e alegria, vendo como todo o teu bem e esperança se acha tão perto de ti, a ponto de estar dentro de ti; ou, por melhor dizer, não podes estar sem Ele. Vede, diz o Esposo, que o *reino de Deus está dentro de vós* (Lc 17, 21). E o seu servo, o Apóstolo São Paulo, o confirma: *Vós sois o templo de Deus* (2 Cor 5, 16).

Grande consolação traz à alma o entender que jamais lhe falta Deus, mesmo quando se achasse (ela) em pecado mortal; quanto mais estará presente naquela que se acha em estado de graça!

Que mais queres, ó alma, e que mais buscas fora de ti, se tens dentro de ti tuas riquezas, teus deleites, tua satisfação, tua fartura e teu reino, que é teu Amado a quem procuras e desejas? Alegra-te em teu interior recolhimento com Ele, pois O tens tão próximo. Aí O deseja, aí O adora, e não vás buscá-lO fora de ti, porque te distrairás e cansarás[9].

Poder-se-ia citar uma infinidade de textos de espiritualidade cristãos exprimindo a mesma maravilha e o mesmo convite a se unir pela fé a Deus que habita no nosso coração. Há na vida momentos para a ação exterior, para a relação interpessoal, mas é preciso também saber reservar momentos nos quais nos separamos de tudo para

---

(9) *Cântico Espiritual*, Canção 1, 6-8.

buscar a Deus em nós, num caminhar totalmente simples, feito de silêncio, de recolhimento, de atenção interior à presença que nos habita. Se cultivamos o hábito (de maneira prolongada no tempo de oração, mas também de maneira breve porém recorrente no curso dos nossos dias), veremos que pouco a pouco, mesmo no fogo da ação, permanecemos unidos a Deus, e que nós extraímos dessa presença íntima toda energia, toda sabedoria, toda paz. Já não vivemos de maneira superficial, agitada, desordenada, impulsiva, mas a partir do nosso verdadeiro centro: o nosso coração habitado por Deus.

É sabendo de tempos em tempos nos separar de tudo e de todos para encontrar Deus em nós que seremos unidos a tudo e a todos da maneira mais efetiva.

Feliz a alma que encontrou Deus em si; ela é mais feliz que se tivesse a terra inteira![10]

Notemos, para concluir, que o verdadeiro tesouro é interior. Descobrir em nós as verdadeiras riquezas nos fará mais livres ante os bens da terra.

4. Rezar a Palavra[11]

Uma outra modalidade da presença de Deus é fundamental para a vida de oração: a sua presença na Sagrada

---

(10) Catherine de Bar, *op. cit.*, pág. 36.

(11) Retomo nesse ponto reflexões que já desenvolvi mais extensamente no terceiro capítulo do meu livro *Chamados a viver* (Quadrante, São Paulo, 2009).

Escritura. Deus se comunica através das palavras da Bíblia. Deus habita a sua palavra; recebê-la e meditá-la no coração nos faz acolher o dom da sua presença e do seu amor. Se uma pessoa se coloca a questão: «Que devo fazer para utilizar bem o tempo que decidi consagrar à oração?», penso que a melhor resposta é aconselhar-lhe a começar pela meditação da Escritura. Isso não exclui, evidentemente, outras formas de oração, das quais falaremos no próximo capítulo. Mas é bom que o alimento essencial da nossa vida de oração seja a Palavra de Deus.

Uma das belas coisas da Bíblia é que Deus não apenas se dirige a nós, fala ao nosso coração, como também nos dá as palavras com que lhe responder. Os salmos, por exemplo, são de uma riqueza inesgotável para exprimir a nossa oração e nos ajudar a apresentar-nos diante de Deus com a atitude adequada. A Escritura é também a base de todo diálogo autêntico com Deus. Quanto mais a nossa vida de oração se alimentar da Escritura, mais será justa e profunda, mais nos fará encontrar Deus de verdade.

Sabemos o quanto o Concílio Vaticano II, considerando o pouco acesso que até recentemente os católicos tiveram à Bíblia, quis recolocá-la no coração da vida cristã. Lembremo-nos dos termos da Constituição *Dei Verbum* a esse respeito:

A Igreja venerou sempre as divinas Escrituras como venera o próprio Corpo do Senhor, não deixando jamais, sobretudo na sagrada Liturgia, de tomar e distribuir aos fiéis o pão da vida, quer da mesa da palavra de Deus quer da do Corpo de Cristo. Sempre as con-

3. A PRESENÇA DE DEUS

siderou, e continua a considerar, juntamente com a sagrada Tradição, como regra suprema da sua fé; elas, com efeito, inspiradas como são por Deus, e exaradas por escrito duma vez para sempre, continuam a dar--nos imutavelmente a palavra do próprio Deus, e fazem ouvir a voz do Espírito Santo através das palavras dos profetas e dos Apóstolos. É preciso, pois, que toda a pregação eclesiástica, assim como a própria religião cristã, seja alimentada e regida pela Sagrada Escritura. Com efeito, nos livros sagrados, o Pai que está nos céus vem amorosamente ao encontro de seus filhos, a conversar com eles; e é tão grande a força e a virtude da palavra de Deus que se torna o apoio vigoroso da Igreja, solidez da fé para os filhos da Igreja, alimento da alma, fonte pura e perene de vida espiritual. Por isso se devem aplicar por excelência à Sagrada Escritura as palavras: *A palavra de Deus é viva e eficaz* (Hb 4, 12), *capaz de edificar e dar a herança a todos os santificados* (At 20, 32; cf. 1 Tess 2, 13)[12].

Notemos os termos vigorosos do Concílio: a Palavra de Deus constitui *a solidez da fé, o alimento da alma, a fonte pura e perene da vida espiritual.* O texto estabelece também uma certa analogia entre a Eucaristia e a Palavra. A linguagem da Bíblia é uma linguagem humana, por vezes com suas pobrezas, seus limites, obscuridades, mas, através dela, Deus se comunica realmente a nós. Meditar a Escritura é muito mais que refletir sobre um

---

(12) Constituição Dogmática *Dei Verbum* sobre a Revelação Divina, n. 21.

texto e extrair ideias: é, num caminhar da oração e da fé, acolher uma Presença que se doa a nós. A simples ruminação de certos versículos, se feita com fé e amor, pode nos introduzir em uma profunda comunhão com Deus. Como na hóstia, Deus se doa a nós como alimento por meio da sua Palavra.

Ouvir a Palavra nos faz entrar na intimidade de Deus. Na vida de um casal que se ama, o diálogo e as palavras trocadas criam uma intimidade, um espaço de comunhão, de dom mútuo, por vezes coroado pelo dom recíproco dos corpos. Do mesmo modo, ouvir a Palavra, o eco que ela desperta em nosso coração, a resposta da oração que jorra, ela mesma alimentada pela Escritura, permite que se crie entre Deus e cada um dos fiéis um verdadeiro espaço de intimidade e de dom mútuo.

Todo cristão que lê a Escritura buscando Deus, num humilde e sincero caminhar de fé, viverá, de tempos em tempos, esta belíssima experiência: tal passagem, ainda que escrita há séculos, num contexto histórico muito diferente do meu, me toca e me fala com uma precisão extraordinária, me atinge exatamente naquilo que vivo hoje e me diz com clareza aquilo que preciso ouvir da parte de Deus. Tenho verdadeiramente o sentimento de que tal texto de Isaías, tal versículo de um salmo ou de uma epístola, foi escrito só para mim! Essa experiência não foi reservada aos grandes místicos ou aos especialistas da exegese; todo cristão é chamado a vivê-la. Sobretudo hoje: a nossa vida de fiéis se desenvolve num contexto difícil, e Deus portanto abre, mais largamente do que nunca, a todos os pequenos e pobres as riquezas da sua Palavra. Estou absolutamente convencido de que o mais simples e o mais inculto dos crentes pode descobrir na Bíblia tesouros de luz e de sabedoria que ninguém nos apresentou antes. Ela fala ao coração de cada um de modo único e pessoal.

Se posso me permitir um breve testemunho, há alguns anos atravessei um período difícil: cansaço, desencorajamento, sentimento doloroso de minha miséria... Fui passar uns dias num mosteiro beneditino para levar a Deus a minha agonia, as minhas questões sem resposta, etc. Participando dos ofícios, deixei-me balançar pelo ritmo do canto dos salmos. E eis que, no desenrolar da salmodia, se apresenta o verso seguinte: *Volta, minha alma, à tua serenidade, porque o Senhor foi bom para contigo!*[13] Senti então que, através daquelas palavras extremamente simples, Deus se dirigia diretamente ao meu coração e encontrei nEle grande reconforto.

5. Palavra e discernimento

Tua palavra, Senhor, é uma lâmpada para os meus passos, diz o Salmo 118. O confronto recorrente com a Palavra de Deus é vital, porque somente ela pode iluminar a verdade da nossa vida. Essa força de discernimento própria da Palavra de Deus é muito bem posta em evidência na passagem da carta aos Hebreus que já citamos:

Porque a palavra de Deus é viva, eficaz, mais penetrante do que uma espada de dois gumes e atinge até a

---

(13) Salmo 114, 7.

94 JACQUES PHILIPPE

divisão da alma e do corpo, das juntas e medulas, e discerne os pensamentos e intenções do coração. Nenhuma criatura lhe é invisível. Tudo é nu e descoberto aos olhos daquele a quem havemos de prestar contas (Hb 4, 12-13).

A Escritura é como um espelho que permite ao homem conhecer-se tal como é, tanto no bem quanto no mal: ela denuncia as nossas conivências com o pecado, ambiguidades, atitudes não evangélicas, mas faz também jorrar aquilo que existe de melhor em nós, libertando-o e estimulando-o. Ela atinge o ponto de divisão entre a alma e o espírito, ou, dito de outro modo, permite discernir entre aquilo que é construção psíquica (aquilo que decorre da nossa humanidade ferida) e aquilo que é espiritual (que procede do dinamismo do amor). Utilizando essa imagem do espelho, São Tiago nos convida a nos inclinarmos à Palavra, que chama *lei perfeita de liberdade*, para nos mantermos unidos a ela a fim de, praticando-a, encontrar a felicidade (cf. Tg 1, 25).

É bom para nós que nos exponhamos regularmente à Palavra de Deus. Somente ela pode operar um profundo trabalho de discernimento, de verdade na nossa existência. Não é o homem que se ocupa da Bíblia, é a Bíblia que se ocupa dele. É preciso que, dia após dia, nos deixemos trabalhar e modelar por ela, por esta ou aquela passagem específica. Isto significa assumir um risco, porque a Palavra pode, por vezes, dizer coisas que não queremos ouvir. Mas ela opera, no fim das contas, um trabalho de vida, de liberdade, de paz. Seja corrigindo, seja consolando, comunica-nos a vida. Escutemos João Paulo II na *Novo millenio ineunte*:

É necessário que a escuta da Palavra se torne um encontro vital, segundo a antiga e sempre válida tradição da *lectio divina*: esta permite ler o texto bíblico como palavra viva que interpela, orienta, plasma a existência[14].

Na Escritura, nem tudo é imediatamente compreensível; certas passagens nos parecem obscuras e mesmo chocantes. Mas se a nossa busca é sincera, logo recebemos uma luz: tal ou qual versículo ficará claro e falará ao nosso coração de uma bela maneira. O Cristo ressuscitado nos dará, através do seu Espírito Santo, como aos discípulos, a *inteligência das Escrituras* (Lc 24, 45). Essa iluminação vem necessariamente aos poucos, mas é uma experiência real.

O que é que permite esta iluminação interior que nos dá acesso à riqueza da Palavra? Penso que o essencial é *um desejo verdadeiro de conversão*. Se lemos a Escritura na nossa oração, com a confiança de que Deus nos ouve, e com um sincero desejo de que a sua Palavra toque o nosso coração, revele os nossos pecados, nos leve a uma conversão autêntica, se estivermos decididos a pôr em prática aquilo que ela nos disser, então a Escritura se esclarecerá para nós. Eis o principal segredo da exegese.

Não quero com isso dizer que outras coisas sejam

_____

(14) *Novo millennio ineunte*, n. 39.

inúteis. É bom também fazer estudos bíblicos, caso tenhamos a possibilidade. A pequena Teresa de Lisieux teria amado conhecer o grego e o hebreu. Uma formação exegética pode ser muito valiosa. Mas não nos esqueçamos jamais de que os tesouros da Escritura não se abrem tanto aos sábios e doutos quanto àqueles que buscam uma única coisa: amar a Deus sobre todas as coisas e se converter ao Evangelho.

6. A Palavra, arma no combate

A familiaridade com a Palavra de Deus é tanto mais necessária na medida em que é uma arma essencial do combate espiritual. No sexto capítulo da carta aos Efésios, Paulo exorta os destinatários a assumirem com confiança e coragem o combate que é parte integrante de toda vida cristã autêntica: *Irmãos, fortalecei-vos no Senhor, pelo seu soberano poder. Revesti-vos da armadura de Deus, para que possais resistir às ciladas do demônio* (Ef 6, 10-11).

Paulo descreverá um pouco mais adiante quais são as diversas peças desse arsenal do qual precisamos nos apropriar a fim de *resistir nos dias maus e manter-nos inabaláveis no cumprimento do dever*. A última, e não menos importante, que ele evoca é *a espada do espírito, ou seja, a Palavra de Deus*.

Isso nos convida a ter mais em conta a Sagrada Escritura como ajuda indispensável para atravessar os combates e provas desta vida.

É vital podermos nos apoiar na Sagrada Escritura nas

3. A PRESENÇA DE DEUS

nossas lutas pessoais. O Papa João Paulo II dizia que um cristão que não reza é um cristão em perigo[15]. Eu diria, de maneira análoga, que um cristão que não lê regularmente a Palavra de Deus é um cristão em perigo. *O homem não vive só de pão, mas de tudo o que sai da boca do Senhor* (Dt 8, 3). Há confusão demais nas mentalidades que nos cercam e nos discursos difundidos pelas mídias, e demasiada fraqueza em nós, para que possamos dispensar a luz e a força que nos vêm da Bíblia.

Os evangelhos sinóticos, em particular o de Marcos, indicam o impacto que a autoridade da palavra de Jesus causava nas pessoas: *Maravilhavam-se da sua doutrina, porque os ensinava como quem tem autoridade e não como os escribas* (Mc 1, 22). E, mais adiante: *Que é isto? Eis um ensinamento novo, e feito com autoridade; além disso, ele manda até nos espíritos imundos e lhe obedecem!* (Mc 1, 27) Essa autoridade que tanto marcou os que o ouviam tem dois aspectos. O primeiro aspecto desta autoridade é o fato de que Jesus fala em seu próprio nome, sem se apoiar sobre a autoridade de outra pessoa. Ele se diferencia assim do ensinamento habitual dos rabinos da época, que nada afirmavam sem se referir aos sábios que lhes haviam precedido (sempre acrescentando o seu próprio parecer, bem entendido). Jesus não é um elo na transmissão da Palavra: Ele mesmo é a Palavra, na sua fonte e na sua abundância. O outro aspecto dessa autoridade da Palavra de Jesus é a sua força e eficácia. Os demônios que Ele expulsa fogem sem poderem resistir. Quando

---

(15) *Ibidem*, n. 34.

Ele ordena ao mar convulso: *Silêncio! Cala-te!*, faz-se uma grande calmaria (não somente nas águas, mas também no coração agitado dos discípulos!) Quando diz a uma pobre pecadora: *Teus pecados estão perdoados!*, a mulher se sente imediatamente outra pessoa, purificada e reconciliada em profundidade com Deus e consigo mesma, revestida de uma dignidade nova, feliz de ser quem é.

Essa autoridade não existe para nos esmagar, bem ao contrário. É uma autoridade contra o mal, contra os nossos inimigos, contra o Acusador. Uma autoridade a nosso favor, para a nossa edificação e consolação. É indispensável que aprendamos a nos apoiar sobre essa autoridade da Palavra de Deus, que contém uma força que nenhuma palavra humana possui.

Viveremos momentos em que essa autoridade benevolente da Palavra de Deus será nossa tábua de salvação. Em certos períodos de provação, a única maneira de nos mantermos firme será nos apoiando, não sobre nossos pensamentos e raciocínios (que manifestarão a nossa radical fragilidade), mas numa palavra da Escritura. O próprio Jesus serviu-se da Escritura para resistir à tentação do diabo no deserto. Se ficarmos somente no plano dos raciocínios e das considerações humanas, o Tentador será um dia mais astuto e forte do que nós. Somente a Palavra de Deus é capaz de desarmá-lo.

Todos nós fizemos ou faremos um dia esta experiência: não conseguiremos sair de certos momentos de tribulação, de dúvida ou prova se permanecermos somente no nível da reflexão. Se, por exemplo, buscamos acalmar as nossas inquietações acerca do futuro à força de raciocínios, arriscamo-nos a cair num impasse total. Com efeito, jamais sabemos exatamente se temos mais motivos para inquietações ou para certezas, pois a nossa razão é incapaz de tudo prever e dominar. O único meio de fazer pesar a balança para o lado bom (o da confiança, da esperança, da paz) não é multiplicar os argumentos (sempre se poderá encontrar um argumento contrário), mas deixar que venha ao nosso espírito uma palavra da Escritura, apoiando-nos com fé sobre esta palavra: *Não vos inquieteis com o dia de amanhã* (Mc 6, 34), ou ainda: *Não temais, pequenino rebanho, pois foi do agrado do vosso Pai dar-vos o Reino* (Lc 12, 32), ou ainda: *Todos os cabelos da vossa cabeça estão contados* (Lc 12, 7).

A verdadeira paz não deriva da conclusão de um raciocínio humano. Ela só pode vir de uma adesão do coração às promessas de Deus, que nos comunica a Palavra. Quando, num momento de dúvida ou de confusão, aderimos por um ato de fé a uma palavra da Escritura, a autoridade própria dessa palavra torna-se alicerce e força para nós. Não se trata de uma varinha mágica que nos imunizaria contra toda perplexidade e angústia. Mas na adesão confiante à Palavra de Deus, encontramos misteriosamente uma força que nada mais poderia nos dar. Ela tem um poder particular para nos estabelecer na esperança e na paz, para o que der e vier. A epístola aos Hebreus diz, a propósito da promessa de Deus a Abraão, que *o juramento serve de garantia e põe fim a toda controvérsia* (Hb 6, 16). A Palavra de Deus, alcançada na fé, tem o poder de pôr termo às nossas irresoluções e ao vaivém dos nossos raciocínios incertos, de nos estabelecer na verdade e na paz. A esperança que nos dá esta Palavra é *âncora de nossa alma, firme e sólida* (Hb 6, 19).

Inumeráveis são os exemplos de palavras da Escritura que podem ser para nós um ponto de apoio precioso nas nossas lutas. Se me sinto demasiado abandonado, a Escritura me grita: *Pode uma mulher esquecer-se daquele que amamenta? Não ter ternura pelo fruto de suas entranhas? E mesmo que ela o esquecesse, eu não te esqueceria nunca* (Is 49, 15). Se sinto Deus distante, ela me diz: *Eis que estou convosco todos os dias, até o fim do mundo* (Mt 28, 20). Se me sinto esmagado pelo meu pecado, ela me responde: *Sempre sou eu quem deve apagar tuas faltas, e não mais me lembrar de teus pecados* (Is 43, 25). Se tenho a impressão de não dispor daquilo que me seria necessário para avançar na vida, o salmo me convida a realizar este ato de fé: *O Senhor é meu pastor, e nada me faltará* (Sl 22, 1).

Não passemos, portanto, um só dia sem tomar ao menos alguns minutos para meditar uma passagem da Escritura... Ela nos parecerá por vezes um pouco árida e obscura, mas se a lemos com fidelidade, na simplicidade e na oração, penetrará a nossa memória profunda sem que sequer tenhamos consciência. E, no dia em que precisarmos, no momento da adversidade, um versículo nos voltará à memória e será precisamente a palavra em que poderemos nos apoiar para reencontrar a esperança e a paz.

CAPÍTULO 4

Conselhos práticos
para a oração pessoal

«O bem supremo é a oração, a conversa familiar com Deus».

(Homilia do século IV) [1]

Neste capítulo, gostaria de oferecer alguns conselhos práticos para a oração pessoal. Eles devem ser tomados com bastante flexibilidade a fim de se adaptarem a qualquer situação particular. O importante é lançar-se, jogar-se na água, por assim dizer, e descobrir aos poucos a que maneira de oração o Espírito Santo nos conduz. Há chamados e graças bem diversas nesse domínio, e cabe a cada um abrir-se a um dom particular que lhe é feito.

Comecemos por algumas considerações sobre a ligação entre os momentos de oração e o resto da vida.

---

(1) Liturgia das Horas, leitura patrística da sexta-feira depois das Cinzas.

1. Fora do tempo da oração

A qualidade da oração pessoal também é evidentemente condicionada por aquilo que se vive fora dos momentos de oração. Não é possível unir-se a Deus na hora da oração se não buscamos nos unir a Ele em todas as demais atividades: levá-las à sua presença, buscando agradá-lO e fazer a sua vontade, confiar-lhe as escolhas e decisões, deixar-se guiar pela luz do Evangelho nas decisões da vida, agir com um amor desinteressado, etc.

Por outro lado, como vimos, o fato de reservarmos tempos regulares de oração leva à intensificação das disposições de fé, de esperança e de amor, preciosas não só no momento específico da oração, mas sustento e orientação de fundo de toda a nossa existência e de cada uma das nossas atividades.

Poder-se-ia dizer muitas coisas sobre o elo entre a oração e o resto da vida, mas eu gostaria de insistir somente em dois pontos: viver na presença de Deus e praticar a caridade.

Quanto ao primeiro ponto, esforcemo-nos pouco a pouco por fazer da nossa existência um diálogo com Deus. Na simplicidade, na flexibilidade, sem tensões, mas numa busca de comunhão constante com Ele. Não necessariamente num sentimento particular, mas levando a cabo as atitudes simples de fé, de esperança e de amor de que falei anteriormente.

Tudo o que constitui a nossa vida, sem exceção, pode alimentar o diálogo com Deus: as belas coisas, para uma breve ação de graças; as preocupações, para pedir auxílio; as decisões difíceis, para invocar a luz do seu Es-

4. CONSELHOS PRÁTICOS PARA A ORAÇÃO PESSOAL

pírito... Mesmo os pecados, para pedir-lhe perdão! É preciso fazer fogo com todo tipo de lenha. A primeira coisa que Deus nos pede não é que sejamos perfeitos, mas que vivamos com Ele. Cito algumas palavras do irmão Lourenço da Ressurreição, frade carmelita parisiense do século XVII, cozinheiro e sapateiro de seu convento, homem simples, mas provido de uma grande sabedoria, cuja vida espiritual foi feita desse desejo de viver todas as coisas na presença de Deus:

> A prática mais santa, a mais comum e a mais necessária na vida espiritual é a presença de Deus; é gostar e acostumar-se com a sua divina companhia, falando humildemente e conversando amorosamente com Ele o tempo todo, em todos os momentos, sem regra nem medida, sobretudo no tempo das tentações, das penas, da aridez, dos desgostos, e mesmo das infidelidades e dos pecados. É preciso aplicar-se continuamente para que todas as nossas ações, sejam quais forem, tornem-se uma espécie de pequenas conversas com Deus, sem elaborações, mas como vierem, da pureza e simplicidade do coração [...].
>
> Devemos, durante o trabalho e outras atividades, até durante as nossas leituras, mesmo as espirituais, durante as nossas devoções exteriores e orações vocais, parar por um instante, o mais frequentemente que pudermos, para adorar Deus no fundo do nosso coração, saboreá-lO de passagem e furtivamente, louvá-lO, solicitá-lO, oferecer-lhe o coração e agradecer-lhe. Que poderia haver de mais agradável a Deus do que nos alhearmos assim de todas as criaturas milha-

res e milhares de vezes ao dia, a fim de nos recolhermos adorando-O em nosso interior?

Não é necessário estar sempre na Igreja para estar com Deus. Podemos fazer do nosso coração um oratório no qual nos retiramos de tempos em tempos para conversar com Ele. Todo mundo é capaz destas conversas familiares com Deus[2].

O segundo ponto sobre o qual é preciso insistir é a importância do exercício concreto da caridade como condição indispensável do crescimento na vida de oração. Como querer encontrar Deus e unir-nos a Ele na oração se somos indiferentes às necessidades do nosso próximo? Como pretender amar Deus se não amamos nosso irmão? Escutemos Teresa de Ávila:

Quando vejo algumas muito diligentes em entender a oração que têm e muito encapotadas quando estão nela, que parece não ousam bulir nem menear o pensamento, para que não se lhes vá um pouquinho do gosto e devoção que tiveram, faz-me ver quão pouco entendem do caminho por onde se alcança a união. E pensam que ali está todo o negócio. Mas não, irmãs, não; obras quer o Senhor; e, se vês uma enferma a quem podes dar algum alívio, não se te dê nada de perder essa devoção e te compadeças dela; e se tem alguma dor, te doa a ti também; e se for preciso, jejua, para que ela coma, não tanto por ela, mas

---

(2) *Máximas*, capítulo 2, 1.

4. CONSELHOS PRÁTICOS PARA A ORAÇÃO PESSOAL 105

porque sabes que teu Senhor quer isso. Esta é a verdadeira união com sua vontade[3].

A falta de amor pelo próximo, a dureza do nosso coração ante suas necessidades, o fato de guardar voluntariamente rancores e amarguras para com alguém, a recusa a perdoar, tudo isso pode esterilizar a nossa vida de oração. É preciso que tenhamos consciência.

Por outro lado, os gestos de misericórdia e bondade para com os nossos semelhantes refluem para o nosso relacionamento com Deus, em especial na oração. Não esqueçamos as magníficas promessas do capítulo 58 (6-11) de Isaías àqueles que praticam o amor ao próximo:

Sabeis qual é o jejum que eu aprecio? – diz o Senhor Deus: É romper as cadeias injustas, desatar as cordas do jugo, mandar embora livres os oprimidos, e quebrar toda espécie de jugo. É repartir seu alimento com o esfaimado, dar abrigo aos infelizes sem asilo, vestir os maltrapilhos, em lugar de desviar-se de seu semelhante. Então tua luz surgirá como a aurora, e tuas feridas não tardarão a cicatrizar-se; tua justiça caminhará diante de ti, e a glória do Senhor seguirá na tua retaguarda. Então às tuas invocações, o Senhor responderá, e a teus gritos dirá: Eis-me aqui! Se expulsares de tua casa toda opressão, os gestos malévolos e as más conversações; se deres do teu pão ao faminto, se alimentares os pobres, tua luz levantar-se-á na escuridão, e tua noite resplandecerá

---

(3) *Quintas moradas*, 11.

como o dia pleno. O Senhor te guiará constantemente, alimentar-te-á no árido deserto, renovará teu vigor. Serás como um jardim bem irrigado, como uma fonte de águas inesgotáveis.

Se queremos que o jardim do nosso coração seja bem regado pela graça divina, amemos concretamente o nosso próximo!

Falamos acima das diferentes modalidades da presença divina. Há uma de que não falei, mas em que o Evangelho insiste muito: a presença de Deus no pobre, naquele que precisa de mim. *Em verdade eu vos declaro: todas as vezes que fizestes isto a um destes meus irmãos mais pequeninos, foi a mim mesmo que o fizestes* (Mt 25, 40).

Se sabemos discernir a presença de Jesus nos nossos irmãos, será mais fácil descobri-lO também na oração. E vice-versa...

Há momentos áridos na oração, uma ausência de alegria sensível enquanto rezamos, que podem por vezes ser um chamado a procurar em outra parte a presença divina, em particular nos atos de caridade. Isso não quer dizer que se deva abandonar a oração, mas que Jesus nos espera também em outros lugares e que nós devemos estar mais atentos à sua presença naqueles que precisam do nosso amor: os pobres e especialmente as crianças. Não nos esqueçamos que muitas vezes há ilusões na oração, mas que não as há na caridade. Encontramos Deus de maneira certa ao dar atenção ao próximo.

No fim da sua vida, Teresa de Lisieux viveu uma prova duríssima de fé e de esperança. Foi tomada por tentações que lhe levaram toda alegria sensível. De forma impressionante, foi nesse mesmo período que ela descobriu com força a importância da caridade fraternal: «Este ano, Madre querida, Deus deu-me a graça de compreender o que é a caridade. Compreendia antes, mas de maneira imperfeita»[4].

Era o ano de 1897, o da sua morte... As últimas grandes luzes que a nossa pequena «doutora da Igreja» receberá dizem respeito a esse mistério da caridade, que no último período de sua vida ela praticará com um novo fervor e sobre a qual ela escreverá coisas magníficas[5].

Falemos agora do tempo consagrado à oração, começando com uma observação: é preciso torná-la parte do ritmo da nossa vida.

2. Ganhar ritmo

A existência humana é feita de ritmos: o da respiração, o dos dias e noites, das semanas e dos anos... Se quisermos ser fiéis à oração, ela deverá encontrar o seu lugar nos nossos ritmos de vida. Precisamos habituar-nos a rezar em tal ou qual hora do dia, separar um tempo particular reservado a Deus em algum momento da semana, etc. Os hábitos podem converter-se em rotina ou preguiça, mas podem também ser uma força. Evitam que recoloquemos as coisas em discussão ou que, a cada vez, tenhamos de nos perguntar sobre o que estamos ou

---

(4) Manuscrito C, 11 v.
(5) Cf. no Manuscrito C tudo o que vem depois da frase citada.

não estamos fazendo... Se a oração é uma atividade ocasional, se esperamos ter tempo para rezar, só rezaremos de maneira ocasional e superficial. É preciso reservar o tempo da oração e inscrevê-lo no ritmo da nossa existência, como fazemos com todas as atividades que consideramos essenciais à vida: a alimentação, o sono, etc. Ninguém jamais morreu de fome por falta de tempo para comer! Dizer que não temos tempo para rezar significa simplesmente que a oração não faz parte das nossas prioridades. Cada um deve, portanto, sem rigidez e sempre reservando à urgência da caridade a sua prerrogativa, estabelecer na sua vida cotidiana um certo tipo de ritmo de oração. Um ritmo satisfatório, perfeitamente compatível com as responsabilidades familiares e profissionais. Por exemplo, vinte minutos de meditação a cada manhã ou a cada noite, uma hora de adoração na paróquia às quintas-feiras no fim da tarde, uma tarde mensal de «deserto», etc.

Nem todos temos, evidentemente, as mesmas possibilidades; é mais fácil para um aposentado do que para alguém com a vida cheia de ocupações. Façamos o possível: como já disse acima, Deus pode dar tanto a uma pessoa que, assoberbada por todas as suas atividades, não pode consagrar mais que dez minutos por dia à oração, quanto a um monge que reza cinco horas todos os dias. Mas saibamos, de todo modo, o momento de fazer escolhas corajosas. Em 2011, as estatísticas diziam que em média um francês passa 3h32 por dia diante da televisão! Esse tempo pode, sem dúvida nenhuma, ser reduzido em favor de alguns instantes para o nosso Deus, sem que isso ponha a nossa vida em risco! Não nos dei-

4. CONSELHOS PRÁTICOS PARA A ORAÇÃO PESSOAL   109

xemos enredar pelo demônio, que sempre fará tudo, com mil boas razões, para nos afastar da oração... E saibamos que aquilo que damos a Deus nos será devolvido ao cêntuplo!

3. Início e fim da oração

Concentremo-nos agora sobre o momento mesmo que decidimos consagrar à oração. Como administrar esse tempo? Algumas observações simples.

Em primeiro lugar, é preciso cuidar bem do começo, cuidar bem do fim, e entre um e outro, fazer o possível!

O começo é importante. O mais importante é colocar-se verdadeiramente na presença de Deus. De acordo com o caso, podemos pensar em Deus presente no nosso coração, ou imaginar Cristo como um amigo que está na nossa frente, ou então nos colocarmos sob o olhar amoroso do nosso Pai do Céu, ou dirigir um olhar pleno de fé para a Eucaristia (se acaso estivermos num momento de adoração eucarística)...

Essa determinação de «pôr-se em presença» requer por vezes um esforço: é preciso deixar de lado as preocupações, tudo o que está dentro da nossa cabeça, que ocupa a nossa imaginação, para nos voltarmos resolutamente a Deus, orientando a Ele toda a nossa atenção e o nosso amor. Às vezes, uma certa «escotilha» que nos permita abandonar a agitação precedente para entrar na oração, para descarregar um pouco a cabeça, pode por vezes ser útil: uma caminhada de cinco minutos, alguns momentos de relaxamento ou de respiração profunda, beber calmamente um chá... Às vezes precisamos preceder o tempo da oração com uma certa antecâmara psicológica que permita uma transição entre o estresse cotidiano e essa atividade de natureza bem diferente que é a oração, que é feita de receptividade.

O ato de se colocar na presença de Deus ao início da oração será muitas vezes facilitado por algumas práticas habituais, um pequeno «rito» que conferimos a nós mesmos e pelo qual inauguramos o tempo de oração: acender uma vela ante um ícone, uns instantes de joelho, uma invocação ao Espírito Santo, a recitação de um salmo que amamos, uma oração à Virgem Maria para confiar-lhe esse momento de oração... De acordo com o que Deus inspirar a cada um e que lhe for útil...

Uma palavra agora sobre o término da oração. O primeiro conselho é, de um modo geral, cumprir fielmente todo o tempo que se decidiu consagrar à oração. Se decidi, por exemplo, reservar meia hora de oração todos os dias, não devo encurtar esse tempo. Salvo, evidentemente, num caso excepcional de grande fadiga ou de alguma urgência da caridade. Em primeiro lugar, por uma questão de fidelidade: não posso dar algo a Deus e depois pedir de volta. Além disso, encurtar a oração sempre que ela nos aborrece pode às vezes nos privar daquilo que há de melhor nela; seria como abandonar o jantar antes da sobremesa. Não se trata evidentemente de uma regra absoluta, mas a experiência mostra que por vezes é nos últimos minutos do tempo de oração que Deus nos visita. Ele viu a nossa fidelidade, e mesmo se a oração foi pobre e difícil durante quase todo o tempo, eis que nos últimos instantes há como que uma visita de Deus, que nos

4. CONSELHOS PRÁTICOS PARA A ORAÇÃO PESSOAL

dá uma graça simples de paz, de ânimo, de satisfação do coração. Seria uma pena nos privarmos disso.

Outro conselho: jamais se deve sair descontente da oração. Mesmo que ela tenha sido difícil, mesmo que eu tenha a sensação de não ter feito nada de bom porque não senti nada, porque passei todo o tempo distraído, porque adormeci, etc., é preciso sair contente. Passei um momento com Deus, e isso basta. Não fiz nada da minha parte, mas Ele certamente fez alguma coisa em mim e, num ato de humildade e de fé, eu O agradeço por isso. Qualquer que tenha sido a minha oração, a última palavra deverá ser sempre *a ação de graças*. E verei pouco a pouco que não me enganei ao agir assim.

Não é má ideia, ao fim da oração e antes do último agradecimento, tomar certas resoluções. É possível que, durante o tempo da oração, tal versículo da Escritura me tenha tocado, tal ou qual verdade se tenha imposto a mim, tal ou qual chamado se tenha feito ouvir. É importante nesse momento tomar a resolução de viver com base naquilo que percebi e confiar-me a Deus para que Ele me ajude a seguir o convite que o momento de oração despertou no meu coração. Não desanimemos se depois não formos totalmente fiéis a essa resolução. Deus vê o nosso desejo, e isso é o mais importante. As boas resoluções não são feitas tanto para serem mantidas, num esforço voluntarista, quanto para exprimirem um desejo, uma sede, que o próprio Deus, no tempo certo, cuidará de satisfazer plenamente.

Gostaria de concluir este ponto, citando umas palavras de Teresa de Lisieux. Ela deparava frequentemente com problemas de aridez ou sono durante a oração, em especial no momento da ação de graças após a Eucaristia, ainda que buscasse fazer o seu melhor para bem acolher Jesus na alma, invocando o auxílio de Maria. Eis como ela reagia:

Tudo isso não impede as distrações e o sono de virem visitar-me. Mas ao terminar a ação de graças, vendo que a fiz tão mal, tomo a resolução de passar o resto do dia em ação de graças... Estais vendo, Madre querida, que estou muito longe de ser levada pelo temor; sempre encontro o meio de ser feliz e tirar proveito das minhas misérias... Sem dúvida, isso não desagrada a Jesus, pois Ele parece encorajar-me nesse caminho[6].

4. O tempo de oração propriamente dito

Falemos agora do «corpo» da oração, do tempo entre o momento em que nos pomos na presença de Deus e a conclusão. Como ocupar este tempo da melhor maneira possível?

A resposta pode ser muito diferente para cada pessoa, de acordo com as etapas da vida e as solicitações do Espírito.

Eu diria, para começar, que o essencial é lançar-se e perseverar. Se nós o fazemos com boa vontade e fidelidade, Deus saberá nos conduzir; entreguemos-lhe toda a nossa confiança.

---

(6) Manuscrito A, 80 r.

4. CONSELHOS PRÁTICOS PARA A ORAÇÃO PESSOAL

Agora, me permitirei alguns conselhos, que devem ser tomados bem livremente. Não posso dar mais que indicações gerais; cabe a cada um encontrar pouco a pouco a sua própria maneira de rezar. De tudo o que direi doravante, que o leitor tome somente aquilo que lhe for útil e deixe o resto de lado sem se preocupar.

Proponho duas indicações, uma ao nível humano, outra ao nível espiritual:

No plano humano e psíquico, é preciso utilizar aquilo que favorece o recolhimento. Como definir recolhimento? É, poderíamos dizer, a mistura de duas coisas: por um lado, um estado de distensão, relaxamento, receptividade; por outro, um estado de atenção a uma realidade rumo à qual estou totalmente orientado.

Para recolher-se na oração é preciso estar calmo, abandonado, mas também atento à presença divina, numa das modalidades que tratei mais acima. Por exemplo, entro numa igreja, fico calmo e tranquilo e me volto inteiramente, pela atenção do meu coração, ao Santo Sacramento em exposição. Ou ainda, sentado num canto do meu quarto, leio tranquila e serenamente uma passagem do Evangelho, dou-me conta do que me diz aquele texto e guardo na memória.

Salvo por alguma graça particular, um recolhimento total não costuma ser possível. Mas é necessário buscá-lo naquilo que depende de nós. Há um recolhimento ativo: fazer aquilo que me cabe, conforme as minhas capacidades no momento, para estar calmo – fisicamente (relaxado, sem tensões nem crispações do corpo), psicologicamente (deixar de lado preocupações e inquietações) e espiritualmente (abandonar-se em Deus) – e centrar-me na presença divina, na Palavra que medito, na Eucaristia que adoro, no meu próprio coração onde entro, e assim por diante, como vimos mais acima, segundo a orientação da minha oração.

Nessa busca de recolhimento ativo, não podemos desprezar aquilo que favorece a tranquilidade física e psíquica. Não é preciso focar tanto nisso a ponto de transformar o tempo de oração numa técnica psicofísica. Seria um erro grave. Mas temos corpos, e o físico influi no espiritual. Uma posição corporal descontraída, uma respiração suave da qual tomamos consciência, uma maneira de postar-se bem no momento presente, de habitar o nosso corpo, pode facilitar a oração. A chave de tudo está em tender a um estado de receptividade.

Podemos gradativamente receber a graça de um recolhimento que eu chamaria de «passivo», pois não depende somente daquilo que fazemos, mas que é um dom de Deus, uma graça sobrenatural. Trata-se de um estado de paz profunda, de abandono, de intensa atenção a alguma coisa que Ele nos faz perceber sobre si, que pode ter sobre nós uma influência de profundidade variável. Podemos ser levemente tocados, acariciados pela graça, ou completamente «arrebatados», com todas as gradações possíveis. Tenhamos presente que a atenção a Deus de que falamos aqui é muito mais um ato da vontade, do coração, do amor, do que um ato da inteligência. Como dizia um texto que citei antes, é mais fácil ao coração, através do amor, centrar-se em Deus, que à inteligência, que é mais volúvel e tem muito mais dificuldade em fixar-se, estando quase sempre sujeita às distrações. Uma

4. CONSELHOS PRÁTICOS PARA A ORAÇÃO PESSOAL 115

certa atenção da inteligência é evidentemente necessária para desvelar e alimentar o amor, mas, salvo por uma graça particular, não costuma ser possível imobilizá-la completamente num estado de atenção a Deus. E seria mesmo perigoso querer fazê-lo a todo custo, pois essa atitude é fonte de tensão psíquica e cansaço.

No plano espiritual, como já comentei longamente acima, é preciso lembrar-se sempre de que o essencial não é tal ou qual método, tal ou qual maneira de proceder, mas as disposições interiores do coração: fé, confiança, humildade, aceitação da própria fraqueza, desejo de amar... As múltiplas maneiras de «conjugar» a fé, a esperança e o amor. A finalidade de todo procedimento na oração é alimentar, manter e expressar essas atitudes fundamentais. Supondo-se – se vez por outra recebemos tal graça (pois se trata de uma graça, e como tal ultrapassa o exercício das faculdades humanas) – que alguém se mantivesse diante de Deus no silêncio e na calma, sem ideias particulares, sem qualquer estado emocional especial, mas numa atitude profunda e simples de orientação do coração a Deus num único ato que combina fé, esperança e amor, isso bastaria. Não há nada mais a buscar: isso basta para que se tenha uma comunicação real com Deus e para que os frutos apareçam mais cedo ou mais tarde...

Uma palavrinha sobre as atitudes corporais. A oração não é um exercício de penitência corporal. Posturas desconfortáveis, em que o corpo se faz lembrar o tempo todo, obviamente não são desejáveis; é preciso posições em que se possa permanecer com certa estabilidade, a fim de favorecer o estado de recolhimento de que falávamos antes. Dito isto, pode ser que durante a oração queiramos – seja para despertar a nossa atenção, expressar um desejo amoroso, formular uma súplica, ou por quaisquer outras disposições interiores – fortalecer a nossa atitude interior ao exteriorizá-la em posições ou gestos particulares: ajoelhar-se, prostrar-se, unir as mãos, abri-las ou erguê-las, beijar a nossa Bíblia, etc. Com discernimento e sabedoria, as tentativas nesse sentido podem ser benéficas. O espírito se fortalece quando se exprime pelo corpo. Existe uma «linguagem do corpo» que tem espaço na oração, sobretudo na oração litúrgica, mas também na pessoal[7]. Precisamos redescobri-la no Ocidente, onde com demasiada frequência se fez da oração um exercício puramente intelectual, alheio aos recursos do corpo. Uma justa atitude do corpo induz uma justa atitude do coração.

No regime próprio ao cristianismo, ser espiritual não significa evadir-se ou despegar-se do corpo, mas, pelo contrário, habitá-lo plenamente. É o corpo que nos põe em relação com o real que nos envolve e que é o nosso primeiro meio de comunicação. O nosso corpo obriga-nos a um saudável realismo, essencial à vida espiritual. É também uma condição para vivermos o instante presente. O corpo tem as suas carências, pesares, restrições, mas tem também a grande vantagem de estar posto no

---

(7) Ver, por exemplo, o belíssimo texto medieval sobre as «nove maneiras de rezar de São Domingos»: <http://www.isdomingos.com/upload/orar_ sd.pdf>.

4. CONSELHOS PRÁTICOS PARA A ORAÇÃO PESSOAL   117

real, no instante presente. Ele permite, por assim dizer, «lastrear» o espírito, obrigando-o a habitar o presente. Só se pode encontrar Deus na oração situando-se no instante presente, e o corpo é uma ajuda preciosa nesse sentido. Para rezar, precisamos estar no nosso coração e para isso precisamos estar no nosso corpo.

5. Quando não nos perguntamos «o que fazer»

Para tratar a pergunta «o que fazer durante o tempo de oração?», gostaria antes de mais nada de limpar o terreno e indicar as circunstâncias em que esse problema não tem lugar.

Comecemos por uma observação: quanto mais cresce o nosso amor a Deus, menos nos perguntamos o que fazer. Quando duas pessoas se amam com um amor intenso, não têm em geral maiores dificuldades para saber como ocupar o tempo que passam juntas. O amor resolve muitas questões! É preciso, portanto, que peçamos sem cessar para amar sempre mais, «clamar a Deus dia e noite para que nos faça justiça» (cf. Lc 18, 7), ou, dito de outra forma, para que nos dê um coração novo. Feliz aquele que pode dizer: na minha oração «agora, minha única preocupação é amar», como o esposo na estrofe 20 do *Cântico Espiritual* de João da Cruz. Esse amor tem mais valor e rende mais à Igreja do que todas as obras do mundo, acrescenta ele.

Há momentos em que a oração se dá espontaneamente, por razões diversas. Ficamos num estado de grande fervor sensível (é com frequência o caso após uma forte graça de conversão ou efusão do Espírito), ficamos felizes de rezar, temos mil coisas a dizer ao Senhor, etc. Por vezes, também a oração acontece naturalmente, porque nos encontramos num tal estado de aflição que a nossa vida inteira se torna uma súplica incessante! No fim das contas, também isso é uma graça!

Existe ainda outra circunstância em que não cabe perguntar-se «o que fazer?»: quando Deus começa a introduzir-nos numa certa graça de *oração contemplativa*. Será preciso dizer algumas palavras a respeito, pois essa graça é por vezes bastante imperceptível no início e podemos ter escrúpulos em permanecer numa atitude que é mais passiva do que ativa. Atitude que, não obstante, é aquela que Deus nos pede e que nos une mais profunda e realmente a Ele[8].

Não é muito fácil achar as palavras para descrever isso, mas poderíamos dizer o seguinte: estou num estado de pobreza, de grande secura, não tenho emoções espirituais, nem necessariamente luzes particulares que me afetem a inteligência. Não obstante, sinto uma certa inclinação em permanecer pacificamente e em repouso diante de Deus sem fazer grandes coisas, mas com uma certa satisfação de manter-me na sua presença. A inteligência e a imaginação divagam como de hábito um pouco à direita e à esquerda em vez de estarem plenamente fixadas, mas, no que diz respeito ao meu coração, sinto-o como que tomado por uma certa orientação, uma atenção

---

(8) São João da Cruz trata o tema com profundidade quando fala da passagem da *meditação* à *contemplação*. Ver, por exemplo, *Subida do Monte Carmelo*, livro 2, capítulos 12 e 13.

4. CONSELHOS PRÁTICOS PARA A ORAÇÃO PESSOAL

amorosa a Deus, bem geral, que não se fixa num ponto em particular (uma verdade, um aspecto do mistério cristão). Uma atenção amorosa e geral a Deus, além das ideias precisas, das imagens ou dos raciocínios discursivos.

Se por acaso entro nesse estado, devo permanecer nele. A única atividade será, talvez, mantê-lo suave e tranquilamente, com um pequeno gesto de tempos em tempos para reorientar o coração a Deus, ou uma breve consideração para avivar a fé, a esperança ou o amor, ou ainda palavras simples para manifestar a Deus aquilo que está no meu coração. Um pouco como um pássaro que alterna entre bater as asas e deixar-se planar... Ou ainda: a minha atividade será somente seguir os movimentos específicos do Espírito que eventualmente venham a produzir-se sobre essa base de oração receptiva.

Há momentos na oração em que precisamos ser ativos e alimentá-la – do contrário cederíamos a uma certa preguiça espiritual –, mas há também momentos, e precisamos saber reconhecê-los, em que o Espírito Santo nos convida a abandonar toda atividade e estarmos de maneira mais passiva sob a sua unção, numa simples atitude de disponibilidade interior. Trata-se de um convite a «uma doce respiração de amor», segundo a expressão de João da Cruz. Esta atitude me parece bem descrita pelo Salmo 131:

Senhor, meu coração não se enche de orgulho, meu olhar não se levanta arrogante. Não procuro grandezas, nem coisas superiores a mim.

Ao contrário, mantenho em calma e sossego a minha

alma, tal como uma criança no seio materno, assim está minha alma em mim mesmo.

Israel, põe tua esperança no Senhor, agora e para sempre.

Essa oração contemplativa que acabo de recordar pertence à ordem da graça, dos dons particulares, que é mais do que o resultado dos nossos esforços humanos para nos recolhermos e alimentarmos a oração. Penso, contudo, que ela foi dada a muitas pessoas.

6. Quando é preciso ser ativo na oração

Quando não estamos numa das situações que acabo de descrever, em que a oração jorra por si só – seja sob uma forma de diálogo espontâneo, seja porque somos favorecidos por uma graça de recolhimento contemplativo –, então precisaremos ser mais ativos, sob pena de preguiça espiritual e de desperdício do tempo de oração.

Não quero explorar todas as possibilidades para ocupar os momentos de oração que se oferecem nessas circunstâncias. Existem muitas veredas diferentes nos autores espirituais. Vou ater-me a duas «vias» que a tradição da Igreja nos oferece e que me parecem na prática as mais indicadas.

Podemos utilizar as duas, segundo nossa inclinação e segundo as circunstâncias ou os momentos aos quais elas se mostrarem mais adequadas. Trata-se da *meditação da Escritura* e das diferentes formas de *oração repetitiva*.

7. A meditação da Escritura

Chegamos aqui à antiquíssima tradição da *lectio divina*, ou seja, de uma leitura da Escritura com o fim de encontrar Deus e de nos abrirmos àquilo que Ele quer nos dizer através dela hoje. A *lectio divina* pode ter orientações e formas diversas, mas quero falar dela aqui como um método de oração[9].

Tempos e momentos

O melhor momento, sempre que seja possível, é de manhã. A cabeça está mais lúcida e mais bem disposta, geralmente menos carregada de preocupações do que no fim do dia. Não nos diz o versículo 14 do Salmo 90: *Cumulai-nos desde a manhã com as vossas misericórdias para exultarmos de alegria em toda a nossa vida?* O livro de Isaías diz também: *Cada manhã ele desperta os meus ouvidos para que escute como discípulo* (Is 50, 4).

Outra vantagem: dedicar à *lectio divina* um tempo da manhã demonstra que a coisa mais urgente na nossa vida é pôr-nos à escuta de Deus. Feita logo de manhã, permite-nos também conservar mais facilmente essa atitude de escuta ao longo do dia e, portanto, captar as chamadas que Deus nos dirige.

Mas não se deve tomar ao pé da letra este conselho. Se não se dispõe desse tempo matinal, quaisquer outros

---

(9) Retomo nessa passagem, com algumas adaptações, as páginas que escrevi a esse respeito no livro *Chamados a viver*.

momentos do dia são bons, porque Deus fala em qualquer momento a quem tem sede dEle.

Que texto meditar?

As possibilidades são muitas. Pode-se meditar um texto em sequência (um dos quatro Evangelhos, uma Epístola de São Paulo ou qualquer outro texto da Bíblia), dia após dia. Conheço um pai de família que passou cerca de três anos meditando pela manhã o Evangelho de São João.

Mas o conselho que dou aos principiantes nesta matéria é que se sirvam dos textos que a Igreja propõe para a missa do dia. Tem a vantagem de pôr-nos em sintonia com a vida da Igreja universal e com os tempos litúrgicos, e de preparar-nos para a Eucaristia, se participamos dela. Além disso, desse modo dispomos de três textos bem selecionados e diferentes (a primeira leitura, o salmo responsorial e o Evangelho), o que oferece menos risco de cairmos em passagens demasiado áridas ou difíceis de interpretar. É também uma boa ocasião para entrevermos a profunda unidade da Escritura. Causa uma grande alegria verificar como textos muito diferentes entre si pelo estilo, pela época em que foram redigidos e pelo conteúdo revelam harmonias novas e se iluminam mutuamente.

Quando interpretam os textos da Sagrada Escritura, os sábios da tradição rabínica gostam de realçar a riqueza do seu sentido «entrançando colares», cujas pérolas são versículos tomados de diversas partes da Escritura: a

4. CONSELHOS PRÁTICOS PARA A ORAÇÃO PESSOAL   123

Torá, os Profetas e os Escritos (salmos e escritos sapienciais). O mesmo fará Jesus com os seus discípulos após a Ressurreição, como mostra o Evangelho de São Lucas (cf. Lc 24, 27 e 24, 44). E continuarão a fazê-lo os Padres da Igreja e os comentaristas espirituais até os nossos dias.

Como proceder concretamente?

Como já sublinhamos, a fecundidade da *lectio divina* depende das atitudes interiores e não da eficácia dos métodos. É, pois, importante não lançar-se imediatamente sobre o texto, mas dedicar um pouco de tempo a avivar as convenientes disposições de oração, de fé e de desejo. Eis as etapas que podemos sugerir:

1. Tal como de cada vez que se trata de fazer oração, é preciso começar por recolher-se, deixar de lado os problemas e as preocupações e pôr-se na presença de Deus: a única coisa necessária, como para Maria de Betânia, é sentar-se aos pés do Senhor a fim de escutar a sua palavra (cf. Lc 10, 38-42). Para isso, é necessário situar-se no momento presente.

Nesse sentido, pode ser oportuno aproveitar os recursos do corpo e das sensações. O corpo tem o seu peso e as suas limitações, mas oferece uma vantagem em relação ao pensamento, que é a de estar no presente, ao passo que o pensamento divaga muitas vezes entre as recordações do passado e os projetos do futuro. Por isso, embora possa parecer estranho, costuma ser necessário, antes de começar a leitura, fechar os olhos, relaxar o corpo (distender os ombros, os músculos...), respirar suave e profundamente, sentir o contato do corpo com o mundo material que nos rodeia: contato dos pés com o chão, do corpo com a cadeira, das mãos com a Bíblia ou com o missal. O primeiro contato com a palavra deve ser um contato físico. O tato é já uma escuta. Não diz São João: *O que as nossas mãos apalparam acerca do Verbo da vida...?* (1 Jo 1, 1).

2. Uma vez que nos sintamos bem relaxados, em contato com o nosso corpo e situados no momento presente, é preciso que orientemos o nosso coração para Deus, a fim de agradecer-lhe antecipadamente esse momento em que vai unir-se a nós por meio da sua Palavra e pedir-lhe luzes para compreendê-la: que nos conceda *a compreensão das Escrituras* (Lc 24, 44), como aos seus discípulos. Sobretudo pediremos que essa palavra possa penetrar-nos em profundidade, converter o nosso coração, denunciar os nossos compromissos com o pecado, iluminar-nos e transformar-nos onde for necessário para estarmos mais de acordo com o projeto divino sobre a nossa vida. Devemos estimular o nosso desejo e a nossa vontade neste sentido.

3. Logo que estivermos com essa boa disposição – não hesitemos em demorar o tempo que for necessário, porque é essencial! –, podemos abrir os olhos e começar a leitura do texto que escolhemos. Temos de ler atentamente, aplicando a nossa inteligência e o nosso coração ao que lemos, e meditando-o. Mas tendo presente que

«meditar», na tradição bíblica[10], não significa tanto refletir como murmurar, repetir, ruminar.

É a princípio uma atividade mais física que intelectual. Não devemos ter receio de repetir muitas vezes um versículo que nos prenda a atenção, porque é frequente que seja à base de lhe dar voltas que destila o seu sentido profundo, isto é, aquilo que Deus quer dizer-nos hoje e agora.

É evidente que a inteligência reflexiva também tem um papel a desempenhar: O que é que este texto me diz sobre Deus? O que é que me diz sobre mim mesmo? Que boa notícia contém? Que convite para a minha vida concreta posso descobrir nele? Se um versículo nos parece obscuro, podemos servir-nos de notas ou de alguma explicação, mas evitando transformar o tempo de leitura num tempo de estudo intelectual. Não devemos hesitar em deter-nos muito tempo num versículo que tenha para nós um sabor especial e, a partir do que nos faz sentir, entrar em diálogo com Deus.

4. A leitura deve converter-se em oração: é dar graças por um versículo que nos conforta e fortalece, é invocar o auxílio de Deus numa passagem que nos convida a uma conversão que sabemos difícil, etc. Em certos momentos, se nos é concedida a graça, podemos deixar de ler e deter-nos numa atitude de oração mais contemplativa, que se reduz a uma simples admiração da beleza daquilo que Deus nos faz descobrir através do texto. Por

---

(10) Veja-se o salmo n. 1: *Feliz o homem que medita dia e noite na lei do Senhor.*

exemplo, um versículo pode fazer-me experimentar profundamente a doçura de Deus, ou a sua majestade, a sua fidelidade, o esplendor do que Ele faz em Cristo, convidando-me muito simplesmente a contemplar e agradecer tudo.

O fim último da *lectio* não é ler quilômetros de texto, mas introduzir-nos o mais possível nessa atitude de contemplação maravilhada, que alimenta em profundidade a nossa fé, a nossa esperança e o nosso amor. Nem sempre o conseguimos, mas quando isso se verifica, é preciso saber interromper a leitura e contentar-se com uma simples presença amorosa no mistério que o texto nos descobre.

Do que acabamos de ver, podemos deduzir que há quatro etapas da *lectio divina* segundo a tradição da Idade Média: *lectio* (leitura), *meditatio* (meditação), *oratio* (oração) e *contemplatio* (contemplação). Não são etapas sucessivas que se devam percorrer obrigatoriamente por essa ordem, mas modalidades particulares que podemos viver. Tanto mais que, se as três primeiras procedem da atividade do homem, a quarta não está em nossas mãos: é um dom da graça que devemos desejar e acolher, mas que nem sempre nos é concedido. Aliás, como já dissemos, pode haver momentos de aridez, de secura, como em qualquer tempo de oração. Não é caso para desanimar, porque quem procura acaba por encontrar.

Outro conselho: ao longo da leitura, é bom anotar num caderno algumas palavras que nos toquem especialmente. O ato de escrever ajuda a fazer com que a

4. CONSELHOS PRÁTICOS PARA A ORAÇÃO PESSOAL

Palavra penetre mais profundamente na memória e no coração.

Uma vez terminado o tempo da *lectio*, é preciso dar graças a Deus por esses momentos passados com Ele, pedir-lhe a graça de podermos guardar a palavra no nosso coração, como fez a Virgem Maria, e decidir-nos a pôr em prática as luzes que recebemos.

Desejo terminar com uma bela passagem de Matta el-Meskin:

A meditação não é apenas leitura vocal em profundidade; estende-se também à repetição silenciosa da Palavra, numerosas vezes, com uma intensidade que vá sempre crescendo até que o fogo divino abrase o coração. Ilustra-o bem o que diz Davi no salmo 39: *O meu coração abrasava-se dentro de mim, a minha meditação ateava-se como o fogo.* Aqui aparece o laço firme e secreto que une a prática e o esforço à graça e ao fogo divino. O simples ato de meditar várias vezes a Palavra de Deus, lentamente e com calma, culmina, mediante a misericórdia de Deus e a sua graça, em um abrasamento do coração. Assim, a meditação converte-se no primeiro elo normal entre o esforço sincero de oração e os dons de Deus e a sua graça inefável. É por isso que a meditação tem sido considerada como o primeiro e o mais importante dos degraus da oração do coração, a partir do qual o homem pode elevar-se ao fervor do espírito e viver nele em toda a sua vida[11].

---

(11) Matta el-Meskin, *op. cit.*, pág. 48.

128 JACQUES PHILIPPE

Última consideração a esse respeito: ao invés da Escritura, é possível por vezes tomar como base da oração a meditação de uma obra espiritual ou do escrito de algum santo que nos toca particularmente em dado momento da nossa vida. Isso é absolutamente legítimo. Mas não nos privemos de um contato direto e concomitante com a Sagrada Escritura. Ela é por vezes mais difícil, mas nos traz uma unção e nos revela tesouros bem mais ricos do que qualquer obra humana.

8. Rumo à oração contínua

Falemos agora de um caminho de acesso à oração contemplativa diferente da meditação da Escritura (não oposto, mas complementar): o caminho das diferentes tradições de oração repetitiva, como *a oração de Jesus* (ou *oração do coração*) e *o Rosário*. Elas têm a vantagem de serem simples e de poderem ser recitadas durante o tempo de oração e fora dele. Assim, a oração pode vir a preencher toda a nossa vida. Já comentei esse ponto antes, mas gostaria de retomá-lo agora.

Desde sempre os fiéis estiveram em busca da oração contínua. É uma aspiração já presente no Antigo Testamento: *Feliz aquele que se compraz no serviço do Senhor e medita sua lei dia e noite* (Sl 1, 2); *Ah, quanto amo, Senhor, a vossa lei! Durante o dia todo eu a medito* (Sl 118, 97). Manifesta-se ainda mais no mundo cristão, onde muitos quiseram responder ao chamado do Senhor: *Orar sempre sem jamais deixar de fazê-lo* (Lc 18, 1).

O cristão não pode contentar-se com ter horários

4. CONSELHOS PRÁTICOS PARA A ORAÇÃO PESSOAL 129

marcados de oração; deve querer rezar constantemente, estar sempre num estado de união com Deus, de amor e de adoração, pois é aí que encontra a sua vida verdadeira. Deus não cessa de nos amar, de pensar em nós, e é justo que desejemos fazer o mesmo com relação a Ele, vivendo permanentemente na sua presença. *Anda em minha presença*, Ele pediu ao nosso pai Abraão (Gn 17, 1).

É bom pensar em Deus o mais frequentemente possível, amá-lO e adorá-lO sem cessar em nosso coração. «Creio que jamais fiquei mais de três minutos sem pensar no bom Deus», diz Teresa de Lisieux. É desejável que o nosso coração, mesmo durante os nossos afazeres diários, chegue a uma espécie de atenção contínua à presença de Deus. Não é fácil, dispersivos que somos! É uma tarefa de fôlego, que requer um auxílio especial da graça divina. Não chegaremos jamais à perfeição, sem dúvida, mas é belo tentar. E aí está a verdadeira alegria.

Eis como Matta el-Meskin descreve os esforços convergentes que devemos empreender com vistas a esse fim[12]:

– Avivar o sentimento de estar na presença de Deus, que vê tudo aquilo que fazemos e escuta tudo o que dizemos.

– Tentar falar com Ele de tempos em tempos, com frases curtas que traduzam os nossos estados de espírito.

---

(12) *Ibidem*, pág. 248.

– Associar Deus aos nossos trabalhos. Pedir-lhe que esteja presente nas nossas atividades, prestar-lhe contas após concluí-las e agradecer-lhe quando nos saímos bem. Quando fracassamos, podemos confidenciar-lhe o nosso desgosto e buscar a causa das nossas falhas: será que não nos afastamos dEle ou deixamos de pedir a sua ajuda?

– Buscar perceber a voz de Deus através dos nossos trabalhos. Ele fala com frequência dentro de nós, mas se estivermos desatentos, perdemos o essencial de suas orientações.

– Nos momentos críticos – diante de notícias alarmantes ou agressões – peçamos-lhe logo conselho. Ele é o amigo mais querido e o conselheiro mais seguro nas horas de dificuldade.

– Quando o coração começar a incomodar e os sentimentos se agitarem, voltemo-nos a Ele para acalmar essa inquietação nefasta antes que ela invada o nosso coração. Inveja, cólera, julgamento, vingança: tudo isso nos faz perder a graça de viver na presença de Deus, pois Ele não pode coabitar com o mal.

– Esforçarmo-nos para não nos esquecermos dEle. Dirigir-nos a Ele sempre que nos flagremos em pensamentos ociosos ou mesmo nocivos.

– Não acometer um trabalho nem dar uma resposta antes de receber uma incitação de Deus. Teremos mais facilidade para discernir isso quanto mais fiéis formos ao nosso caminhar na sua presença e à nossa determinação de viver com Ele.

9. As orações repetitivas

Além de tudo o que acabamos de dizer, um dos meios mais empregados, em particular nos ambientes monásticos, para alcançar a oração contínua foi a repetição de fórmulas curtas – extraídas ou inspiradas pela Escritura – nos momentos consagrados à oração e também fora deles, durante as atividades cotidianas, a fim de manter o pensamento sempre em Deus. Segundo o testemunho de João Cassiano, certos monges do Egito no século VI repetiam sem cessar a invocação do salmo: *Senhor, vinde em meu auxílio!* (Sl 70, 2)

O belo livro *Relatos de um peregrino russo*[13] popularizou no Ocidente o conhecimento e a prática da «oração de Jesus» ou «oração do coração». Ele conta a vida de um humilde camponês da Rússia que, tocado pela exortação da primeira carta aos Tessalonicenses (5, 17) *«orai sem cessar!»*, se pergunta como pôr em prática esta palavra. Ele percorrerá toda a Rússia em busca de um pai espiritual capaz de lho ensinar. Um monge então o iniciará nesta tradição de oração que consiste em repetir sem cessar, no ritmo da respiração, a frase «Senhor Jesus Cristo, tem piedade de mim!» com o auxílio de um terço de lã e o olhar voltado para dentro de si. Aos poucos, o peregrino começa a experimentar as benesses dessa maneira de orar: pacificação e purificação do coração, alegria da presença divina, iluminação interior sobre o amor de Deus, compaixão para com todas as criaturas, olhar renovado sobre o mundo e a natureza... Essa tradi-

---

(13) Jean Gauvain, *Relatos de um peregrino russo*, São Paulo, Paulus, 1997.

ção remonta aos meios monásticos egípcios dos primeiros séculos e se difundiu em toda a Ortodoxia, e também, em nossos dias, no mundo ocidental.

Mais familiar no Ocidente é a devoção do Rosário, com sua repetição do *Pai Nosso* e da *Ave Maria.*

Hoje, a repetição não é vista com bons olhos. Vivemos num mundo que, tendo perdido as coisas mais elementares da vida, padece de uma ânsia permanente por novidades. A repetição pode, é verdade, ser maquinal, rotineira, mas pode também significar a inscrição do amor no tempo. Ela está intrinsecamente ligada à vida: felizmente para nós, o coração nunca deixa de repetir o seu batimento, nem a respiração o seu ritmo!

Como já dissemos, o ritmo tem um papel fundamental na existência humana. O seu efeito apaziguador permite que uma energia se manifeste no tempo sem desperdício nem esgotamento; permite que um desejo, uma intenção da alma, se exteriorize pelo corpo e, ao mesmo tempo, se enraíze no coração. Ele é o acolhimento do real, da encarnação, da inscrição da condição humana nos ritmos da natureza e da vida. É a abertura para um sentido profundo que nos ultrapassa, além das percepções da inteligência racional. Ele nos leva, enfim, a uma espécie de sabedoria, de inteligência da vida, numa dependência consentida com relação ao Criador.

A oração é chamada a tornar-se não uma atividade entre outras, mas *a* atividade fundamental da nossa existência, o ritmo mesmo da nossa vida profunda, a respiração do nosso coração, por assim dizer. As orações repetitivas ajudam-nos nisso, enquanto esforço humano: na busca perseverante, na esperança de que a graça divina

4. CONSELHOS PRÁTICOS PARA A ORAÇÃO PESSOAL 133

nos dará aquilo que o nosso desejo suplica através da humilde e inesgotável repetição das mesmas palavras.

O padre Timothy Radcliffe, numa passagem sobre o rosário no seu livro *Eu vos chamo amigos*, comenta o tema da repetição valendo-se de uma bela citação do escritor católico inglês Chesterton:

Quando amamos, sabemos bem que nunca será suficiente dizer uma única vez «Eu te amo». Queremos dizer sempre mais, esperando que o outro queira ouvir sempre mais.

G.K. Chesterton explicou que a repetição é uma característica da vitalidade das crianças, que adoram ouvir as mesmas histórias, com as mesmas palavras, sempre mais, nunca por tédio ou falta de imaginação, mas pela alegria de viver.

Chesterton escreve ainda:

Como as crianças têm uma vitalidade abundante, como têm o espírito livre e feroz, sempre querem que as coisas se repitam e não mudem. Sempre dizem «De novo!», e o adulto faz de novo, até o limite do esgotamento. Pois os adultos não são suficientemente fortes para exultarem na monotonia. Mas talvez Deus seja forte o suficiente para exultar na monotonia. É possível que Deus diga toda manhã «De novo!» ao sol; e a cada noite «De novo!» à lua. Talvez não seja uma necessidade automática que torne todas as margaridas semelhantes; talvez Deus faça cada margarida separadamente, mas jamais tenha se cansado de fazê-

-las. Talvez Ele tenha o eterno apetite da infância; pois nós pecamos e envelhecemos, e o nosso Pai é mais jovem do que nós. Talvez a repetição na Natureza não seja uma mera recorrência; talvez seja um bis teatral, em que o céu faz de novo o pássaro que botou um ovo.

É, portanto, legítimo ocupar o tempo de oração com essas orações repetitivas, em particular nos momentos de cansaço, de dificuldade em mobilizar as faculdades intelectuais, ou ainda quando nos sentimos movidos pelo Espírito Santo a uma oração mais pobre que a meditação, mas mais simples, mais voltada ao essencial, sem apelar demasiadamente à atividade da inteligência discursiva ou da imaginação, favorecendo a atividade do coração. Essa repetição deve ser feita lentamente, tranquilamente, sem que isso se torne um esforço tenso (o que seria contraproducente), com atenção à presença de Deus em nós, ocupando calmamente o corpo e o espírito com a fórmula de oração escolhida. O ritmo da repetição pode favorecer a entrada em um estado de recolhimento. A fidelidade a essa humilde porém sincera busca de Deus expressa nessa oração pode nos dar aos poucos a graça de entrar numa verdadeira contemplação e união amorosa com Deus.

A vantagem das orações repetitivas, além da sua simplicidade, é que elas podem tornar-se progressivamente uma espécie de hábito (no bom sentido do termo). São um recurso valioso para rezar em vários momentos do dia, além do tempo consagrado à oração propriamente dita: no carro, caminhando, nos momentos de insônia, em meio às atividades ou trabalhos em que o espírito não está completamente absorvido pela tarefa que o ocupa.

Acrescentemos algumas reflexões sobre a oração de Jesus e sobre o Rosário.

10. A oração de Jesus

Na base da oração de Jesus, encontramos uma bela e antiga espiritualidade do nome de Jesus, com profundas raízes na Escritura[14]. O próprio Jesus nos conclama a rezar em seu nome: *Tudo aquilo que pedirdes ao meu Pai em meu nome, ele vos dará* (Jo 16, 23). E os Atos dos Apóstolos anunciam muitas vezes a potência do nome de Jesus, afirmando que *nenhum outro nome foi dado aos homens, pelo qual devamos ser salvos* (At 4, 12).

Desenvolveu-se desde os primeiros séculos da era cristã uma bela tradição de invocação do nome de Jesus na oração, seja em fórmulas análogas à do peregrino russo, seja de uma maneira simplificada, em que não resta senão o nome puro e simples. Numerosos textos dão testemunho disso, como por exemplo este trecho de São Macário o Egípcio, monge do século IV:

Quando eu era criança, via as mulheres mastigarem bétula para prevenir o mau-hálito. Assim deve ser para nós o Nome do Nosso Senhor Jesus Cristo: se

---

(14) Para aprofundar neste tema, pode-se consultar as obras: Um monge da Igreja do Oriente, *La prière de Jésus*, Chevetogne, 1963 e Jacques Serr e Olivier Clément, *La prière du cœur*, Éditions Bellefontaine, 1977.

mascamos este nome bendito, pronunciando-o constantemente, ele traz às nossas almas toda a doçura e revela-nos as coisas celestes, ele que é o alimento de alegria, a fonte de salvação, a suavidade das águas vivas, a doçura de todas as doçuras; e ele expulsa da alma todo pensamento perverso, o nome dAquele que está nos Céus, Nosso Senhor Jesus Cristo, o Rei dos reis, o Senhor de todos os senhores, recompensa celeste daqueles que o buscam com todo coração[15].

No que diz respeito à prática dessa oração, o leitor pode se reportar ao que eu já disse no meu livro *Tempo para Deus*, assim como aos mais extensos e excelentes conselhos dos livros sobre a oração de Jesus citados numa nota anterior.

11. O Rosário

O Rosário é bem diferente da oração de Jesus, mas também está na categoria das orações simples, repetitivas, que podem, se o coração estiver bem disposto, conduzir a uma profunda comunhão com Deus e a uma oração contemplativa.

Além da humilde súplica (*Rogai por nós pecadores*), a *Ave Maria* contém uma dimensão de louvor e de ação de graças. O Rosário é também uma maneira de percorrer, com o auxílio de Maria, todas as riquezas dos misté-

---

(15) Citado por Ivan Gobry, *De saint Antoine à saint Basile*, Fayard, Paris, pág. 258.

4. CONSELHOS PRÁTICOS PARA A ORAÇÃO PESSOAL

rios do Cristo (mesmo que não seja necessário aplicar a inteligência discursiva a uma meditação de cada mistério).

Ele comporta também a graça particular da invocação de Maria, e ela nos introduz na sua própria oração, no seu próprio recolhimento, no seu silêncio e escuta interior, na sua própria comunhão com Deus. Numa passagem sobre a oração de simplicidade, o padre Jean-Claude Sagne diz o seguinte:

> A oração vocal torna-se progressivamente uma escola de silêncio por meio de um mergulho no silêncio de Maria. Esse é precisamente o sinal característico da influência maternal de Maria na vida dos fiéis: Ela atrai aqueles que lhe falam na oração para o seu silêncio, para a escuta da palavra de Deus [...] A oração do Rosário é assim a preparação interior para entrarmos, conduzidos pelo Espírito Santo, no recinto espiritual que é o seio de Maria, como tenda do encontro, como espaço onde a Palavra de Deus é perfeitamente ouvida e entendida, acreditada e seguida[16].

A oração do Rosário, como a oração de Jesus, é uma oração que mobiliza, de modo simples porém profundo o corpo (ritmo da repetição das palavras, as mãos que passam as contas do terço, a postura, a respiração). Mobiliza também as atitudes essenciais do coração e da vontade. Ela oferece à inteligência um alimento «mínimo»,

---

(16) Jean-Claude Sagne, *Viens vers le Père*, Éditions de l'Emmanuel, Paris, 1998, pág. 138.

frugal, na simplicidade das suas fórmulas. Assim, recorda à inteligência os seus limites e o seu papel essencial, que é a capacidade de acolhimento, como continua o padre Jean-Claude Sagne:

A repetição no Rosário é o meio de fixar com suavidade a atenção da inteligência, de modo que o coração fique livre para escutar e conservar a Palavra de Deus. A inteligência ocupa-se em repetir os gestos sóbrios e as fórmulas breves transpiradas pelo coração a fim de deixar livre a atenção profunda do homem que reza e levá-lo assim à paz e à confiança pelo silêncio da escuta. A oração de simplicidade contém um ensinamento discreto e profundo sobre a essência da inteligência humana. É a lembrança implícita de que a inteligência humana é, antes de tudo, uma capacidade infinita de acolhimento, mas que não contém absolutamente nada em si mesma, na medida em que as palavras ou imagens que recebe do «exterior», isto é, do mundo e dos outros, não habitam nela. Nisso se revela a necessidade de sempre dar prioridade ao escutar sobre o dizer, ao acolher sobre o fazer, ao abrir-se a um dom sobre o cumprir uma tarefa qualquer. Essa parte fundamental e permanente da inteligência humana, essa parte da passividade e da dependência, é não somente atestada, mas concretizada pelo papel do corpo na oração de simplicidade. Por isso mesmo, aquilo que é ensinado e exercitado, é também o fundo da atitude espiritual na oração cristã: a humildade do coração na espera do dom de Deus. O empenho mínimo do corpo na oração de

4. CONSELHOS PRÁTICOS PARA A ORAÇÃO PESSOAL

simplicidade, consequência de um exercício pouco gratificante para a inteligência criadora, contribui para que essa oração se torne uma verdadeira escola de contemplação para todos. A contemplação é a oração puramente produzida pelo Espírito Santo no homem suplicante; é, portanto, a oração puramente recebida como um dom de Deus.

Na simplicidade e na pobreza, o Rosário é, no fim das contas, uma oração poderosíssima, porque pelas doces mãos maternais de Maria, ele nos instala nas atitudes fundamentais que dão fecundidade à vida de oração: fé, esperança humilde, amor simples e fiel.

CAPÍTULO 5

A oração de intercessão

«Como é grande o poder da oração! É como uma rainha que em todo momento tem acesso direto ao rei e pode conseguir tudo o que lhe pede».

Teresa de Lisieux[1]

«Quero tua oração vasta como o mundo».

Jesus à Irmã Maria da Trindade[2]

A oração de petição é a mais espontânea para nós: nos momentos de necessidade, voltamo-nos a Deus para pedir-lhe ajuda. Certamente, a nossa oração não deve limitar-se a pedidos. Se queremos ser *adoradores em espírito e verdade* (cf. Jo 4, 23) que buscam o Pai, se queremos uma união profunda com Deus, a nossa oração deve ser antes de tudo uma oração de louvor e de adoração.

---

(1) *Manuscrito* C, 25r.
(2) Maria da Trindade, *Consens à n'être rien*, Éditions Arfuyen, Paris, 2008, pág. 77.

Dito isso, a oração de petição e de intercessão tem um lugar absolutamente legítimo na vida cristã; a Escritura o mostra claramente. *Recomendo antes de tudo que faças pedidos, orações, súplicas, ações de graças por todos os homens*, diz São Paulo na primeira carta a Timóteo (2, 1) e poder-se-ia citar muitas outras passagens análogas. O livro dos Salmos, que é a grande escola de oração de Israel e da Igreja, embora termine apenas com cantos de louvor, contém inúmeros pedidos para que Deus ajude o próprio salmista e os outros.

Sem querer aprofundar o tema, gostaria de dizer algumas palavras neste capítulo sobre a oração de intercessão. Essa forma de oração contém uma das expressões mais belas da confiança em Deus e do amor ao próximo.

E tudo o que pedirdes ao Pai em meu nome, vo-lo farei, para que o Pai seja glorificado no Filho (Jo 14, 13). Esta frase de Jesus nos exorta a apresentar a Deus as necessidades dos nossos próximos, da Igreja, do mundo inteiro. Fazendo isso (com o louvor e a oferta de nossa vida) exercemos plenamente o «sacerdócio comum» de todos os batizados, que foi iluminado pelo Concílio Vaticano II e cujo sentido e abrangência ainda estamos longe de compreender.

Para meditar sobre essa vocação, convém contemplar as belas figuras de intercessores que se encontram no Antigo Testamento.

Pensemos em Abraão, que no livro do Gênesis «barganha» insistentemente com o Senhor acerca do número mínimo de justos necessário para que a cidade de Sodoma, apesar do seu crime abominável, fosse poupada da destruição (cf. Gn 18, 22-33).

5. A ORAÇÃO DE INTERCESSÃO

Pensemos nos diversos episódios da vida de Moisés. Como quando Amaleque (no judaísmo, ele é a personificação do mal por excelência[3]) ataca o povo hebreu que atravessava o deserto. Josué e seus homens combateram o inimigo na planície enquanto Moisés manteve-se em oração no topo da colina até o crepúsculo, sempre de braços erguidos, sustentados por Aarão e Hur quando o cansaço era grande demais. A sua oração obteve a vitória.

A passagem mais comovente de todas é sem dúvida a intercessão de Moisés pelo povo após a traição do bezerro de ouro (cf. Ex 32, 1-14). Durante os quarenta dias que Moisés passou no alto do Monte Horeb, onde Deus lhe deu as tábuas da Lei, o povo cometeu um pecado de idolatria e, segundo a tradição judaica, outras transgressões derivadas dessa (rixas, devassidão...). O Senhor encolerizado adverte então Moisés de que irá eliminar esse povo infiel para fazer, a partir do próprio Moisés, uma nova nação:

> *Vai, desce, porque se corrompeu o povo que tiraste do Egito. Desviaram-se depressa do caminho que lhes prescrevi; fizeram para si um bezerro de metal fundido, prostraram-se diante dele e ofereceram-lhe sacrifícios, dizendo: eis, ó Israel, o teu Deus que te tirou do Egito. Vejo, continuou o Senhor, que esse povo tem a cabeça dura. Deixa, pois, que se acenda minha cólera contra*

---

(3) Com efeito, o texto diz que o Senhor está em guerra contra Amaleque de geração em geração (cf. Ex 17, 16), o que não é afirmado a respeito de ninguém mais.

144 JACQUES PHILIPPE

eles e os reduzirei a nada; mas de ti farei uma grande nação.

Moisés esforça-se então por aplacar Deus com argumentos cuidadosamente selecionados:

> *Por que, Senhor, se inflama a vossa ira contra o vosso povo que tirastes do Egito com o vosso poder e à força de vossa mão? Não é bom que digam os egípcios: com um mau desígnio os levou, para matá-los nas montanhas e suprimi-los da face da terra! Aplaque-se vosso furor, e abandonai vossa decisão de fazer mal ao vosso povo. Lembrai-vos de Abraão, de Isaac e de Israel, vossos servos, aos quais jurastes por vós mesmo de tornar sua posteridade tão numerosa como as estrelas do céu e de dar aos seus descendentes essa terra de que falastes, como uma herança eterna.*
>
> *E o Senhor se arrependeu das ameaças que tinha proferido contra o seu povo.*

Vê-se nesse diálogo, como bem apontaram os rabinos, todas as características de uma disputa entre amigos ou esposos. Deus diz «deixa-me» antes de Moisés abrir a boca. E, assim como os pais ante um mau comportamento do filho, dizem um ao outro: «Veja o que o seu filho fez!». Cada um dos interlocutores do diálogo joga ao outro a responsabilidade pelo povo culpável dizendo: «Teu povo que tu retiraste do Egito»!

É certo que, desde o início, Deus estava disposto a perdoar Israel, mas queria que o perdão fosse conferido pela intercessão do seu servo e amigo Moisés. Deus não

5. A ORAÇÃO DE INTERCESSÃO

faz nada sem falar com os seus servos, os profetas. Quando pensou em destruir Sodoma, disse a si mesmo: *Acaso poderei ocultar a Abraão o que vou fazer?* (Gn 18, 17).

Um pouco depois, no mesmo capítulo do livro do Êxodo, vemos Moisés interceder pelo povo mais uma vez, de modo ainda mais pungente, chegando mesmo a pedir a Deus que, se não perdoasse o povo, apagasse também a ele do seu livro da vida.

> *Esse povo cometeu um grande pecado: fizeram para si um deus de ouro. Rogo-vos que lhes perdoeis agora esse pecado! Senão, apagai-me do livro que escrevestes.*

Moisés tornou-se o amigo de Deus. Na tenda do encontro, *o Senhor falava a Moisés face a face, como um homem fala ao seu amigo* (Ex 33, 11). Essa amizade com Deus conferia um grande poder à sua oração.

Somos todos convidados a entrar nessa amizade divina. No Evangelho, Jesus diz a seus Apóstolos (Jo 15, 15):

> *Já não vos chamo servos, porque o servo não sabe o que faz seu senhor. Mas chamei-vos amigos, pois vos dei a conhecer tudo quanto ouvi de meu Pai.*

Ao ler esse versículo do Evangelho, por vezes digo a mim mesmo que Jesus se põe numa posição bem difícil ao dirigir-nos tais palavras: pode-se recusar qualquer coisa a um servo, mas é impossível fazer o mesmo com um amigo!

Essa amizade, que fique claro, supõe um verdadeiro

desejo de fidelidade da nossa parte: *Vós sois meus amigos, se fazeis o que vos mando,* diz Jesus no versículo que precede.

Mas há aí um belo mistério, uma porta magnífica que nos foi aberta para conferir potência à nossa oração.

Somos chamados a fazer em tudo a vontade de Deus, porque essa vontade é a nossa vida e a nossa alegria, e também porque há uma alegria profunda em agradar Àquele que amamos e em Quem confiamos plenamente. Mas é importante compreender que isso não é uma via de mão única: Deus pede que façamos a sua vontade para poder também fazer a nossa, para ter a alegria de nos satisfazer. Um padre do deserto dizia o seguinte: «A obediência responde à obediência. Se alguém obedece a Deus, Deus responde ao seu pedido»[4].

Teresa de Lisieux disse pouco antes de morrer, com a sua simplicidade e a sua audácia costumeiras: «O bom Deus terá que fazer todas as minhas vontades no Céu, porque jamais fiz a minha vontade na terra»[5].

1. Deus não recusa nada àqueles que não lhe recusam nada

Jean-Jacques Olier (1608-1657) – fundador da Sociedade de São Sulpício e figura importante na formação dos sacerdotes e na renovação das paróquias francesas no século XVII – escreve algo impressionante. No seu pro-

---

(4) Citado em J.-C. Guy, *Paroles des anciens*, Seuil, Paris, 1976.
(5) *Últimas conversas*, 13 de julho.

5. A ORAÇÃO DE INTERCESSÃO

jeto de regulamentação para os seminários (que ele via sobretudo como locais de oração), ele fala da importância da oração e da necessidade fundamental de formar nela os futuros padres[6]. Chega a dizer, baseando-se numa passagem de São Gregório Magno:

> Segundo São Gregório, o homem deve, antes de tornar-se padre, ter adquirido uma tal familiaridade com Deus que já não possa mais ser recusado: de maneira que aquele que é admitido a uma conversa com Deus e que não tem a experiência de ter o poder de apaziguá-lO quando está irritado não deve fazer-se padre nem ser admitido como pastor na Igreja, já que uma das suas principais obrigações, depois da sua própria justificação e a do amor ao próximo, é a de acalmar a cólera de Deus e de reconciliá-lO com o mundo.

Não sei o que os atuais superiores dos seminários pensam desse critério de admissão ao sacerdócio! A linguagem do texto pode chocar, mas há uma evidente alusão à oração de Moisés e uma intuição bela e justa sobre o papel de intercessão do padre, cuja primeira tarefa é a de suplicar sem cessar a Deus para que seja misericordioso com o seu povo.

Há ainda outras belas passagens do Antigo Testamento que nos incentivam à oração de intercessão, como aquela que nos pede para não deixar Deus em paz en-

---

(6) Jean-Jacques Olier, *Vivre pour Dieu en Jésus-Christ: Textes choisis*, Cerf, Paris, 1995, pág. 82.

148 JACQUES PHILIPPE

quanto Ele não cumprir todas as suas promessas de salvação para com Jerusalém (Is 62, 6-7):

Sobre tuas muralhas, Jerusalém, coloquei vigias; nem de dia nem de noite devem calar-se. Vós, que deveis manter desperta a memória do Senhor, não vos concedais descanso algum. E não o deixeis em paz, até que tenha restabelecido Jerusalém para dela fazer a glória da terra.

Este texto é precedido por um versículo magnífico que exprime o amor esponsal entre Deus e Israel:

Assim como um jovem desposa uma jovem, aquele que te tiver construído te desposará; e como a recém-casada faz a alegria de seu marido, tu farás a alegria de teu Deus.

O diálogo com Deus na oração pode dar-se em diferentes registros: o da amizade, o da união nupcial, o da relação filial. Jesus no Evangelho, ensinando o «Pai Nosso», insistirá muito sobre a potência da oração dirigida ao Pai do céu por aqueles que Ele adotou como filhos (Mt 7, 11):

Se vós, pois, que sois maus, sabeis dar boas coisas a vossos filhos, quanto mais vosso Pai celeste dará boas coisas aos que lhe pedirem.

A intercessão pela salvação do mundo inteiro é um ministério fundamental da Igreja. Seja a título de ami-

5. A ORAÇÃO DE INTERCESSÃO

gos, seja a título de esposos, seja a título de filhos de Deus, devemos sem cessar suplicar a Deus para que Ele seja misericordioso com o mundo. Encontra-se na vida dos santos inumeráveis testemunhos dessa intercessão, e da bela maternidade ou paternidade espiritual que ela exprime. Pensemos em São Domingos que passava todas as noites em oração invocando o Senhor nesses termos: «Meu Deus, minha misericórdia, que será dos pecadores?» Teresa de Lisieux, adolescente, antes de sua entrada no Carmelo, rezando com fervor pelo assassino Pranzini, obteve a sua conversão no exato momento em que ele subiu ao cadafalso e chama na sua autobiografia de «primeiro filho» a quem toda a imprensa tratava como um monstro[7]. Entre tantos outros episódios similares, não posso deixar de citar um trecho do diário espiritual de Santa Faustina Kowalska, a quem Jesus revelou os segredos do seu coração misericordioso. Nesta passagem, encontramos uma versão moderna e bastante feminina da «barganha santa» de Abraão e de Moisés:

De manhã, tendo terminado meus exercícios espirituais, pus-me a trabalhar no crochê. Senti que Jesus repousava no meu coração silencioso. E essa profunda e doce consciência da presença divina levou-me a dizer ao Senhor: «Oh, Santa Trindade que mora em meu coração, concedei-me, eu Vos peço, a graça da conversão de tantas almas quantos forem os pontos que eu fizer no crochê hoje». Então, ouvi em minha

---

(7) Cf. Manuscrito A, 46r.

alma essas palavras: «Minha filha, as tuas exigências são grandes demais». «Jesus, a Vós, porém, é mais fácil dar mais do que dar pouco. Mas cada conversão de uma alma pecadora exige um sacrifício. Eu Vos ofereço doce Jesus, o meu trabalho consciencioso. Não me parece que esta oferta seja pequena demais para um tão grande número de almas. Jesus, como Vós salvastes as almas por trinta anos de trabalho, e porque a santa obediência me impede as penitências e as grandes mortificações, peço-Vos que aceite, Senhor, estas pequenas coisas, marcadas por um selo de obediência como se fossem grandes coisas». Ouvi então uma voz na minha alma: «Minha doce filha, atenderei ao teu pedido»[8].

2. A intercessão, lugar de combate e de crescimento

Gostaria de fazer algumas considerações suplementares a respeito desse belo ministério de intercessão que o Senhor propõe aos cristãos e pelo qual Ele deseja associá-los à sua obra de redenção.

A intercessão é também um caminho de crescimento e de purificação pessoal. É um lugar de graças e de alegria, mas também de combate e de conversão.

Intercedemos espontaneamente pelas pessoas que amamos e que nos são próximas. Isto é certamente legí-

---

(8) *Petit Journal de Sœur Faustine*, Éditions Jules Hovine, Ronchin, 1978, pág. 341.

5. A ORAÇÃO DE INTERCESSÃO

timo, mas poderia também nos deixar reclusos num círculo um tanto estreito. O nosso coração deve alargar-se à medida do de Deus! É belo estarmos abertos a outros temas de intercessão em que não pensamos espontaneamente e que o Senhor deseja nos confiar. Isso pode alargar o nosso coração e os horizontes de nossa vida de um modo muito belo. Interceder não é somente pleitear por alguém que faz parte do nosso universo: é entrar na intercessão mesma de Jesus, que não deixa de apresentar ao Pai as necessidades dos homens.

Encontrei muitas pessoas que, de modo por vezes inesperado, tinham recebido um forte apelo do Espírito para levar certas intenções à sua oração e à sua oferta: pelos padres, os jovens em dificuldades, os cristãos perseguidos, o povo de Israel, tal ou qual categoria de pecadores, os agonizantes, etc. A abertura a estes chamados do Espírito pode dar sentido e fecundidade à vida de numerosas pessoas que, sem isso, talvez se sentissem inúteis. O que é a pior das coisas! Peçamos, portanto, a Deus que nos dê luzes sobre as categorias de pessoas e as situações diversas que Ele deseja confiar à nossa oração e ao nosso amor.

3. Quando parece que Deus não nos ouve

Há uma pergunta frequente a propósito da oração de intercessão: O que dizer de todas as ocasiões em que Deus parece surdo às nossas orações, em que parece desmentir o versículo do Evangelho em que Jesus nos diz que obteremos tudo aquilo que pedirmos com fé? Que sentido dar a esses pedidos não atendidos? Não é fácil vivê-las nem as compreender, e penso que sempre há nisso uma parte do mistério na sabedoria divina. Tendo isso bem presente, façamos algumas ponderações.

Nenhuma das nossas orações jamais se perde. Cedo ou tarde, a nossa prece será satisfeita, talvez não no momento ou do modo como imaginamos, mas quando e como Deus quiser, de acordo com os seus planos, que ultrapassam a nossa compreensão. Nem sempre as nossas orações serão satisfeitas como gostaríamos, mas o simples fato de fazê-las já nos aproxima de Deus, já nos faz percorrer um caminho interior e atrair uma graça que nos deixará maravilhados quando a virmos.

Um exemplo disso está na segunda carta aos Coríntios. Paulo suplica por três vezes ao Senhor para libertá-lo do seu «espinho na carne». O Senhor responde: *Basta-te minha graça, porque é na fraqueza que se revela totalmente a minha força* (2 Cor 12, 9). O pedido do Apóstolo não foi atendido materialmente, mas a sua oração não foi vã, longe disso. Ela o fez entrar em diálogo com Deus, o que lhe permitiu penetrar mais profundamente na sabedoria divina. O mais importante na intercessão nem sempre é o seu objeto material, mas sobretudo o laço com Deus que se firma, se desenvolve e será sempre fecundo, para nós e para aqueles que por quem rezamos.

Deus nem sempre nos satisfaz como desejamos porque, por vezes, precisamos compreender de maneira concreta que não podemos manipulá-lO. Essa é a pretensão de todos os paganismos. Podemos obter tudo de Deus

5. A ORAÇÃO DE INTERCESSÃO

pela confiança e pela oração, mas Deus permanece senhor absoluto dos seus dons, e eles são sempre totalmente gratuitos. Deus não se presta a nenhuma manipulação, nenhuma chantagem, nenhum cálculo humano, nenhuma reivindicação. É bom que, de tempos em tempos, experimentemos isso, para que nossa relação com Ele seja simples, confiante, familiar, filialmente audaciosa, mas ao mesmo tempo respeitosa da sua soberania absoluta. Deus não tem de prestar contas ao homem. Paradoxo da vida cristã: nós somos chamados a viver com Deus uma familiaridade terna que nos faz onipotentes sobre o seu coração de Pai, mas só entramos nessa vida se guardamos um respeito absoluto e por vezes excruciante à sua transcendência e liberdade soberana: *Mas quem és tu, ó homem, para contestar a Deus? Porventura o vaso de barro diz ao oleiro: Por que me fizeste assim?*, diz São Paulo na carta aos Romanos (9, 20) ao meditar sobre esse drama, tão doloroso para ele, da incredulidade de uma parte de Israel.

Não podemos reivindicar «direitos» sobre Deus. Por vezes, temos o sentimento de que, tendo feito muitos esforços, estando exauridos por sua causa, Deus nos deve alguma coisa e que temos certos direitos às suas bênçãos e às suas graças. A parábola do Evangelho sobre os servos inúteis nos recorda de que não é o caso (cf. Lc 17, 7-10). Se praticamos o bem, se cumprimos nosso dever, devemos dar graças a Deus, mas nos precaver contra o sentimento de que isso nos confere seja lá qual privilégio. As boas obras não nos conferem qualquer «direito», nem sobre Deus nem sobre os outros, contrariamente àquilo que tendemos constantemente a pensar, de maneira mais ou menos confessa. É saudável manter uma consciência viva da gratuidade absoluta dos dons de Deus; do contrário, a nossa relação com Ele, assim como a nossa relação com os outros, pode falsificar-se e sair da lógica do amor para perverter-se na lógica dos cálculos humanos. Deus não nos atende em virtude dos nossos méritos, das nossas qualidades, mas em virtude da sua misericórdia e da gratuidade do seu amor. A satisfação da oração não é um dever, mas um dom.

A nossa oração deve ser perseverante, confiante, até audaciosa, mas sempre em humilde submissão ao querer divino. Os nossos pedidos estão sempre misturados com certas expectativas humanas, que não são de todo puras. O sofrimento pela não satisfação imediata, a necessidade de perdurar ou perseverar, o convite à paciência, realizam em nós um trabalho necessário de purificação, de aprofundamento, e graças a ele a nossa oração será mais verdadeira, mais ajustada à sabedoria divina e logo, enfim, mais eficaz e fecunda. Há sempre uma purificação e uma educação do desejo que é um aspecto importante do crescimento espiritual e, portanto, da oração.

Assim, o Espírito vem em auxílio à nossa fraqueza; porque não sabemos o que devemos pedir, nem orar como convém, mas o Espírito mesmo intercede por nós com gemidos inefáveis. E aquele que perscruta os corações sabe o que deseja o Espírito, o qual intercede pelos santos, segundo Deus (Rm 8, 26-27).

Como conclusão destas reflexões, eu acrescentaria que um dos meios mais eficazes para viver esse trabalho de

5. A ORAÇÃO DE INTERCESSÃO

purificação, e também para crescer na humildade e na confiança, é que nossa oração de intercessão, quaisquer que sejam seus «resultados», seja vivida em um clima de ação de graças. É impressionante ver como São Paulo sempre une a solicitação e a ação de graças num mesmo movimento:

> *Sede perseverantes, sede vigilantes na oração, acompanhada de ações de graças. Orai também por nós. Pedi a Deus que dê livre curso à nossa palavra para que possamos anunciar o mistério de Cristo* (Col 4, 2-3).

> *Acima de tudo, recomendo que se façam preces, orações, súplicas, ações de graças por todos os homens* (1 Tm 2, 1).

A própria intercessão deve ser sempre *«permeada de ações de graças»*. Isso é necessário para que a nossa oração tenha toda a sua profundidade, verdade e fecundidade; para que seja fonte de bênçãos para nós e para os outros. Nada purifica tanto o coração do homem quanto a ação de graças, levando-o a experimentar esta alegria: *Felizes os puros de coração, porque verão Deus!* (Mt 5, 8)
Bendito seja o seu Nome para sempre! Amém.

ÍNDICE

INTRODUÇÃO 5

CAPÍTULO 1
OS GANHOS DA ORAÇÃO 9
1. A oração como resposta a um chamado 15
2. O primado de Deus na nossa vida 17
3. Amar gratuitamente 19
4. Antecipar o Reino 21
5. Conhecimento de Deus e conhecimento de si 24
6. Da oração nasce a compaixão para com o próximo 33
7. A oração, caminho de liberdade 34
8. A oração faz a unidade de nossa vida 37

CAPÍTULO 2
AS CONDIÇÕES DA ORAÇÃO FECUNDA 41
1. A oração como lugar de paz interior 42
2. As disposições da vida de oração fecunda 45
3. Uma oração animada pela fé, pela esperança e pelo amor 47
4. A porta da fé 48
5. Qual é o papel da sensibilidade na vida de oração? 49
6. Papel e limites da inteligência 51
7. Tocar Deus 56
8. A fé que abre todas as portas 57
9. Oração e Esperança 59
10. A força da humildade 62
11. Aprofundar em si mesmo 68
12. A oração, ato de amor 69
13. Conclusão sobre as virtudes teologais na oração 75

CAPÍTULO 3

A PRESENÇA DE DEUS 77
1. Presença de Deus na natureza.............................. 79
2. Deus se dá na humanidade de Cristo 82
3. Deus presente no nosso coração 84
4. Rezar a Palavra 89
5. Palavra e discernimento 93
6. A Palavra, arma no combate................................ 96

CAPÍTULO 4

CONSELHOS PRÁTICOS PARA A ORAÇÃO PESSOAL............. 101
1. Fora do tempo da oração..................................... 102
2. Ganhar ritmo.. 107
3. Início e fim da oração.. 109
4. O tempo de oração propriamente dito 112
5. Quando não nos perguntamos «o que fazer».......... 117
6. Quando é preciso ser ativo na oração 120
7. A meditação da Escritura..................................... 121
    Tempos e momentos.. 121
    Que texto meditar?.. 122
    Como proceder concretamente?............................ 123
8. Rumo à oração contínua 128
9. As orações repetitivas.. 131
10. A oração de Jesus... 135
11. O Rosário 136

CAPÍTULO 5

A ORAÇÃO DE INTERCESSÃO...................................... 141
1. Deus não recusa nada àqueles que não lhe recusam nada 146
2. A intercessão, lugar de combate e de crescimento 150
3. Quando parece que Deus não nos ouve 151

Direção geral
Renata Ferlin Sugai

Direção editorial
Hugo Langone

Produção editorial
Gabriela Haeitmann
Ronaldo Vasconcelos

Capa
Gabriela Haeitmann

Diagramação
Sérgio Ramalho

ESTE LIVRO ACABOU DE SE
IMPRIMIR A 13 DE JUNHO DE 2025,
EM PAPEL PÓLEN NATURAL 70 g/m^2.